岁岁年年有光

周有光谈话集

周有光 著

天津出版传媒集团

天津人民出版社

周有光110岁近照（韩磊摄，2015年8月）

欧阳中石书贺周有光108岁生日

编者的话

110 岁的周有光先生是我国文化史上的奇葩。50 岁之前是金融学家和经济学教授，50 岁至 85 岁是语言文字学家，85 岁至今是百科全书式的启蒙思想家。

85 岁离休之后，周有光先生将关注的目光从研究字母、拼音、文字学和语言学转移到对文化学、时代变化和历史演进等问题的探索上，并以其独特的风格对人类文明和中外历史经验教训进行新的审视。周先生认为，在全球化时代，要从世界来看国家，不要从国家来看世界。由于他对国家、社会和文化发展等深层次的问题进行了系统而缜密的研究，在知识界产生了广泛而深远的影响。他的文章不仅具有超然物外的胸襟和气度，开阔而深邃的世界眼光和历史眼光，而且语言洗练，深入浅出，举重若轻，风趣幽默，没有不痛不痒的话，更没有故作深奥、叠床架屋之语。

周先生的主要著作包括《周有光文集》（共 15 卷，中央编译出版社，2013 年）、《逝年如水：周有光百年口述》（浙江大学出版社，2015 年）、《从世界看中国：周有光百岁文萃》（三联书店，2015 年）、《百岁新稿》（三联书店，2005 年、2014 年）、《朝闻道集》（后浪出版公司，2010 年、2014 年）、《拾贝集》（后浪出版公司，2011 年）、《文化学丛谈》（语文出版社，2011年）和《静思录：周有光106岁自选集》（人民文学出版社，2012年）等。

进入新世纪以来，不仅是周先生的著作，他的谈话录和视频也在中外媒体以及网络中广泛传播。这位世纪老人睿智而宁静，坚韧而快乐，大彻大悟，大智大勇，在狭小的陋室里，与来访者侃侃而谈，无论是语言学、历史学、文化学，还是天下大事、社会态势，他都了如指掌。谈话间，他甚至会忘记了年龄，童心未泯，双方交流相当活泼、热闹。听周先生谈话，如沐春风。

为了方便广大青年读者能在较短的时间内阅读周老、领悟周老的思想精华，我们编辑这本书。本书分为"对谈"和"采访"两部分，共收录23篇文章，大致以发表的时间先后为编排顺序。因篇幅有限，在尽力保持原貌的基础上，对入选的文字稿略有删节。虽然每篇谈话文章均有出处，但编者对所收的文章，既不可能请周先生重新确认，也无法找到访谈者一一核对，故而对文章之内容，编者不作考证，读者自辨，引者自酌。

本书也可作为一般读者进行人文素质自我提高的基础读物和入门书。编者盼望习惯于闪读的青年学子，不妨由此开始找上一二本周先生的别集精读，举一反三，下功夫读懂周老，净化心灵，努力成为一个21世纪的智者！

张森根　谨记
于北京市朝阳区拂林园寓所
2015年11月11日

目 录

对 谈

百岁学者纵谈天下事	赵　诚	3
汉字简化是大势所趋		10
壮心存，老骥千里	许戈辉	15
我是一个"科普工作者"	田志凌	32
一个人要为人类有创造才是人生的意义	灵　子	39
中国落后惊人，没有经济奇迹	马国川	51
网络语言不是洪水猛兽	谢绮珊	58
知识分子没有被收买	马国川	60
教育要给孩子留有空间		73
回顾辛亥百年	浩　宇	79
漫谈华夏文化与传统文化		83

谈 21 世纪的"入世"与"出世" ……………………… 92
忆己怀人 …………………………………………… 周素子 100
儒学要与现代化握手 ……………………………… 常　强 106
回归文明的常识 …………………………………… 陈　芳 116
百岁智者的幸福秘籍 ……………………………… 翟永存 122

采　访

和百岁老人周有光聊天 …………………………… 范炎培 127
再访百岁老人周有光 ……………………………… 范炎培 134
六访周有光 ………………………………………… 庞　旸 142
107 岁的年轻思想者 ……………………………… 马国川 154
"有光一生，一生有光" …………………………… 刘　洋 160
身居斗室，心怀天下 ………… 潘耀明访问　钟宏志记录、整理 165
书房一角——访周有光先生记 …………………… 朱航满 170
人得多情人不老，多情到老情更好 ……………… 翟永存 175

对　　谈

百岁学者纵谈天下事

赵 诚

2005年10月18日，在中国社科院拉美所研究员张森根先生的引见下，我和丁东先生访问了中国著名的语言文字学家周有光先生。周先生已年过百岁，早年毕业于上海圣约翰大学；"二战"后他从美国出发，考察欧洲经济和社会，早年跟陈望道先生，认真读过《共产党宣言》《资本论》；在重庆时，他受到周恩来邀请，与其他各界人士探讨将来的国家建设；1949年新中国建立后，他从香港回到内地，想在经济上为国家干一番事业，担任复旦大学经济研究所和上海财经学院教授，著有《新中国的金融问题》。由于中国当时选择了苏联模式，周先生所学无用武之地；但因业余研究语言文字有造诣，1955年后他改从事语言文字研究，参与制定汉语拼音方案，1961年出版《汉字改革概论》，主持汉语拼音正词法基本规则的制定，以后成了中国语言学上著名的学者，学术成就在世界范围享有盛誉。周先生退休前还参加了邓小平先生亲自定下的中美文化交流项目《大不列颠百科全书》的翻译编纂，并最终在85岁高龄时退休。退休后，周先生放眼留意天下大事，反思一生经历，关注中国和人类社会发展。这位百岁老人，思路清晰，睿智非凡，侃侃而谈，令人如沐仙风。

一落座，周先生就风趣地说：很高兴你们来。我到一百岁了，基督教有一句话，上帝爱的人，先到天堂，反过来我是上帝不爱的人，天上不要，地下不要的人。

问：你在2005年9月10日在《群言》上发表了一篇文章谈对文化的看法，其中说到社会科学不容易得到公认，能否谈一谈原因何在？

答：社会科学为什么不容易得到公认呢？这个答案很简单，就是因为许多国家，它的统治阶级是特权阶级，如要服从社会科学原理，它就得放弃他的特权，这是特权和真理的矛盾。

今天，社会科学已经发展到很高程度，比如政治学变成了管理学，许多政治工作可以由电脑来管理，不要人了。据外国人的估计，一万人的政府可减少到一百人，原来那些人都没用了，政治家的价值几乎被否定了。本来做皇帝，那是了不起的，不是人嘛（天子），一半是菩萨（神）。可是到了民主制度，政治家是为人民服务的，本是三纲，君为臣纲嘛，现在变为官为民仆，做官的成了人民的仆人，这不是倒过来了吗？所以时代发展对特权者越来越不利。

政治科学往前进，把这个政治工作分析成许多部分，大部分都可以用电脑来管理，不要人管理，而且比人管理得还更好。做官的人的价值就越来越低，这在美国非常明显。改革开放后，我差不多一年要出国好多次，在美国，你若是一个大学教授，就会很被看重；你要是一个做官的就不被看重。专制国家则完全相反，做官的最重要。社会科学是一元性的，真理是一元性的。斯大林不但要把社会科学分两半，自然科学也分两半（资产阶级和无产阶级两大阶级的）。好多自然科学家被斯大林搞死了。自然科学要听斯大林的命令，当然这完全失败了。

关于科学与意识形态的关系。"意识形态"这个词，含义很模糊。有人说，意识形态就是一种宗教，不过比宗教更现代一点。这个话我想有些道理。所以先进国家不谈意识形态，你说美国什么是意识形态？他们相信的真理，就是科学，科学包括社会科学。有一件事情中国人可能没注意，美国之所以兴起，主要靠社会科学，而不是靠自然科学。这一点许多人不了解。欧洲启蒙运动就是社会科学的萌芽，启蒙运动提出许多原理，后来就成了社会科学原理，美国是根据欧洲最先进的社会科学思想来建立的。

为什么欧洲反而不行呢？历史的包袱。一个有意思的事情是，民主制度是英国先提出来的，但英国的民主制度始终不彻底。许多民主制度的原理，法国人提得最好，但在法国行不通，法国第一共和国、第二共和国到第五共和国闹不完，到今天法国还是传统的，包袱很大。戴高乐主义，是害了他自己。美国人包袱最轻：美国只有 200 年历史。到美国去的英国人最早都是穷人。穷人文化水平是不高的。为什么在 200 年间美国就能建成一个世界最先进的国家？这不是偶然的。他们是用先进的社会科学建立起来的，而不是先进的自然科学。用先进社会科学建立了一个社会，这个社会就能发展自然科学。

今天在北京，有人说中等家庭里有三十几样电器，有的人说五十几样。比如电灯、电话、电脑、钟表也是用电，烤面包机用电，这些东西，绝大多数是美国发明的。为什么美国能这样呢？日本人研究这个问题，说 16 世纪的科学高峰在意大利，17 世纪到了英国，18 世纪到了法国，19 世纪到了德国，20 世纪到了美国，21 世纪肯定仍旧是美国。社会科学的重要性这个问题要好好思考。要了解美国的确不容易。因为你到美国去，看报纸上什么都有，从左到右，什么东西都有，假如你自己没有辨别能力，到美国你什么都看不清。还有许多人到美国，匆匆而去，匆匆而来，只是看了几个大城市。现在的美国不是大城市的时代，20 世纪 60 年代我在美国，那是大城市的高峰，什么好东西都在大城市，有钱人住在城市里，现在完全不是这样。现在是穷人在城市，越来越糟糕，而中小城市反而非常好。

现在有三种反美思想，一种是法国的戴高乐主义，第二是共产主义，第三是伊斯兰宗教激进主义。20 世纪 80 年代我访美回来写了一篇文章，叫作《美国社会的历史背景》。有一个美国教授给我写信，说这篇文章很好，请我多写两篇这方面的问题，他们许多美国人都没有搞清楚美国。

人家笑我，"文化大革命"以前，我是"左倾"幼稚病。"文化大革命"使你思考，昨天还看到一篇香港文章，说打倒"四人帮"时，中国经济的确是完全垮台了。我在北京好多年，想吃花生米都吃不到。后来改革开放了，刚开始，一些香港朋友来，问我要香港什么东西？我说要牙签。因为我牙齿不好，买不到牙签，那时连牙签都没有。20世纪80年代经济还是起不来，虽然政策改变了，但一下子起不来。90年代我们的确是进步很快，邓小平时代比毛泽东时代在物质方面是大大前进了。我是个乐观主义，我认为中国是有前途的。

要用新的社会科学来研究将来世界人类将怎样共处，要在新的共识中共处。多极世界会打仗。第一次世界大战之前是多极世界，结果是打世界大战。第二次世界大战前也是多极世界，又打第二次世界大战。美国人提倡一体化，世界用民主的方法团结起来，就是现在欧盟的方法。这个团结是用民主的方法，一步步前进。人类会找出一条道路。基督教经过改革、改革，改到今天与现代化不矛盾了。

自然科学发展比较早，社会科学发展晚。自然科学的发展经过两步，起初只有物理哲学，没有物理科学，后来才变成物理科学。社会科学也是这样子的。

邓小平到美国，在文化方面，中美要协作一些项目，就是把《不列颠百科全书》翻译成中文。为翻译这套书，成立了一个编审委员会，美国三个人，中国三个人，共六个人，我是中国方面的三人之一。人家说你们翻译这种书，将来一定得杀头，反革命嘛。不是邓小平要搞，我们怎么敢搞呢？中国的问题，历来从中国看中国那永远说不清楚，得从世界看中国。包袱越重的国家，越难往前走。全球化给我们提供了改革开放的一个重要机会。外包工业使后进国家走上工业化道路。比方说玩具工业，是最赚钱的，20世纪40年代主要是在美国。后来美国的工资太高了，玩具工业就转到日本，日本就成了世界的玩具国家。日本不行了就转到中国台湾，中国台湾不行了就转到中国香港，现在又转到中国大陆来了。工业从高工资地区到低工资地区的转移，经济落后的国家可以通过这个转移实现初步工业化，今天中国主要就靠这个外包来发展经济。这个外包大概还要搞相当长一段时间，这可以说是一种历史机遇吧。从理论上说现在是180度地改变了。原来外国人来投资叫资本侵略，那还了得！最严重的"反革命"啊。现在是欢迎外资来临，这180度转过来了。现在提出和谐社会理论，我觉得很好，和谐社会就是不要阶级斗争，这改变应当说是很大的。

问：现在提出和谐不仅是中国社会，对外政策提出和谐世界。你如何看？

答：这个是对的，不只对中国，而且对世界。孟夫子讲"不嗜杀人者能一之"，不喜欢杀人的人才能统一天下。欧盟就是用这个原理来团结的。德国原来用杀人来统一，德国在"二战"中用秦始皇的办法统一欧洲，没有成功嘛。欧盟用孟夫子的原理成功了。儒学真是了不起，批判儒学要留有余地。因为孔夫子、孟夫子生在两千多年前，他们的哲学是为封建社会服务，这两千年它服务得很好，但他们不能为"后"封建社会服务。要为"后"封建社会服务，就要做一点修改。孔夫子提倡"述而不作"，这个"述"非常重要，可"不作"就不好了。我说今天呢，需要"述而又作"，要把"述而不作"改成"述而又作"。继承传统要研究传统，哪些是对的，哪些是不对的，这样才能发展传统。道家不行，老子的书里面都是愚民政策，不符合今天社会。法家呢，太残暴，也不行的。现在提出弘扬华夏文化，怎样弘扬呢？我的意见，还是要以儒学为中心，可是要引申儒学适应今天，成为新儒学。要发展儒学中的积极因素。

问：您对北欧的民主社会主义有看法吗？

周：我对北欧没有研究。北欧原来并不发达，是个落后的地区，后来它发展上来了。北欧的民主社会主义是很成功的。福利和效率，这是个把握分寸的问题。美国也在变，美国受了欧洲影响也搞福利制度，美国比欧洲晚，可是美国搞福利制度，没有损害资本的积累，所以他经济能发展，英国就是损害了资本积累了。一个具体的例子，在第二次世界大战之前，全世界小汽车最好的牌子是英国的奥斯汀，那时人们都买奥斯汀，后来，这个奥斯汀都听不到了，这个牌子没有了。为什么呢，节制资本，资本家钱赚得太少了，没有钱来更新设备，连奥斯汀这样好的工厂都不行了，这是一个很大的改变。

在中国，邓小平提出改革开放，首先要发展经济这是对的。可发展经济怎么个发展？重要的，你没有资本没有人才，工人都没有，工人要有训练的，资本家都打倒了嘛。中国的资本家原本就不多，现在还都被打倒了。那天买了一个罐头，是康元公司，想起新中国成立前，我在上海新华银行，康元的老板，姓项，叫项康元，这个人是一个了不起的资本家，他第一个在中国办罐头公司，康元公司，他第一个在中国生产出青豆罐头。青豆中国多得很，但烧出来是黄的，就不成绿。你怎么把青豆放进要变成绿的而不能变黄，而且还不能放化学的东西。以前都是美国人搞的。他是第一个能做到这一点的中国人，他常到我们银行来，我们银行也很支持他。但是，"三反""五反"时，他自杀了。现在越来越明白，资本家不是完全剥削的，剥削是一个方面，资本家有创业的功能，这是最困难的。资本家有管理的能力，早期的资本家都是发明家。做资本家不容易的。项康元他也是美国留学的，有人开玩笑，说他一个大美国留学生，回来生产一粒豌豆。苏联把资本家都杀光了，地主、富农也都杀光了，今天要恢复起来，不要进口粮食了。一个大粮食国家，多少年粮食一直靠进口，苏联时代粮食一直不够吃，可以想到他们的政策完全错了。

问：您能不能讲一下汉字改革和中国文化的关系？

答：关于汉字改革与文化，第一点，文字是一种工具，不是神圣的东西，把汉字说成是中国文化的根儿，那就错了。《诗经》里面，很多诗歌创造于还没有文字的时代，《诗经》里很多重要的篇章都是没有文化不认识文字的人创作的口头文学嘛，那么《诗经》就没有根儿了？汉字改革就是我们需要一个比较方便的工具，这是一点。第二点呢，我研究汉字在人类文字历史上的地位，这个得用比较文字学。一比较你就知道，你要从人类的文字史才看得出汉字的地位，这叫"不识庐山真面目，只缘身在此山中"。从整个人类文字史看：第一个阶段是原始文字，第二阶段是古典文字，第三阶段是字母文字。分这三个阶段。从历史发展的阶段看，汉字呢，就属于古典文字阶段。汉字和字母不是并列的，从总的历史看，字母的产生比古典文字产生晚两千年。文字它有继承性和习惯性，只能稍加修改。古典文字，不仅是汉字，还有其他的古典文字，而其他古典文字都不用了，只有汉字在用。你不改它不行，你要改它，怎么改呢？只好修改一些。搞一个拼音来帮助它。汉字文件很难进入电脑，拼音能把汉字和电脑接轨。拼音是一座桥梁，同时，中国文化和外国文化要沟通往来交流，要有一个桥梁，这桥梁主要就是汉语拼音方案，我做的这点工作小得不能再小，小儿科。但你不能没有它。文盲进入文化需要汉语拼音。你给人家一张名片，方块字人家看不懂，要有汉语拼音。这是一个桥梁，也可以说是润滑油，如此而已。

（作者赵诚，高级研究员。
原载山西《社会科学论坛》，2006年1月。）

汉字简化是大势所趋[①]

各位领导、女士们、先生们：

今天我们庆祝国务院公布《汉字简化方案》和《关于推广普通话的指示》50周年。1956年国务院公布《汉字简化方案》和《关于推广普通话的指示》，到现在已50年了。这50年，是我国"语文生活现代化"发展最快的时期，汉字的规范化和普通话的推广取得了前所未有的进展。2000年公布《国家通用语言文字法》，总结过去，展望未来，使我国语文生活迈向信息化时代。

规范汉字，包括简化字和传承字，在我国大陆已经通行，小学教师说，简化字好教，小学生容易认，容易写。在电脑屏幕上简化字阅读清晰，联合国的中文文件准备一律用大陆的规范简化汉字。许多种古代书籍已经翻译成白话文，改印规范汉字。简化不妨碍书法艺术，书圣王羲之经常写简体字，书画艺术分实用书法和纯观赏书法，实用书法例如招牌要求大众能看懂，宜于用规范汉字。银行记录的电脑化，发生姓名生

[①] 2006年3月22日上午，教育部组织著名语言学家周有光等人与记者见面，并介绍纪念国务院发布《汉字简化方案》和《关于推广普通话的指示》50周年活动。参加会议的有张世平、陈章太、傅永和、例行健、陆俭明等。本文为周有光先生在记者会上的讲话及答记者问文字稿。

僻字不便输入电脑和转账，今后姓名用字应当以通用汉字为限。一个13亿人口的大国，过去多数人民都是文盲，今天大多数人民正在接受基础教育，这是我国文化历史的巨大变化。

普通话是汉民族的共同语和中国的国家共同语，推广国家共同语是工业化和信息化的需要，长期以来，推广工作迟迟不前。现在，传声技术突飞猛进，广播、电视、移动电话等等，帮助推普工作快速发展。全国学校越来越多以普通话为校园语言。公众活动越来越多以普通话为共同媒介。人大、政协以普通话作为会议语言，给全国树立榜样。许多大城市人口猛增，五方杂处，正在发生"大都会化"的演变，大都会需要以普通话为日常用语。

"言语异声、文字异形"的时代即将过去，"书同文、语同音"的时代出现在我们的面前，在全球化的21世纪，中国将以一个现代文明的大国屹立于世界。谢谢。

《农民日报》记者： 汉字简化对农民的扫盲起很大的作用，目前我国在建设社会主义新农村，请周老为农民朋友说几句话。

周有光： 中国是一个农业占重要地位的国家，有大量的农民。但在几千年中，农民处在一个贫困、愚昧、受欺负的状态。现在绝大多数农民都能受到基础教育，就是6年、9年或者更多的教育，这是一个很大的改变。汉字简化帮助他们学文化，拼音也帮助他们学文化。我们的农民将要变成现代的农民，现代的农民是了不起的，因为随着生物科学发展，农业本来是一个落后产业，现在变成一个先进工业。农业的前途是远大的，农民的前途也是远大的，这是一个好的世纪。21世纪是全球化时代，农民的地位在中国将有很大的改变。谢谢。

香港记者： 汉字简化在香港推行有一些阻力，您对在香港推行简化字有什么建议？

周有光：香港文字逐步在改变，这个改变要一步一步来，不能着急。简化问题本来台湾也赞成，为什么说台湾赞成？因为蒋介石先生对简化字推广很积极，他在南京国民政府时就提倡简化字。南京国民政府推行简化字，后来有别人反对，没有办法，就不能推行了。很多人提倡简化字，但是一直受到阻力，一直到20世纪50年代，新中国成立以后简化字才得到实现，所以汉字简化方案不是50年前创造的，而是清朝末年就有基础，可是真正执行是到50年代，这是一个逐步前进的过程。

台湾反对简化字，起初不是这么厉害，后来台湾把文字改革的问题和政治问题挂钩，大陆搞简化，大陆搞拼音，台湾说这是共产党搞的，但是不是共产党开头搞的？不是。清朝末年、民国时代、北洋政府就搞了。新中国成立后，把这件事情再往前推进了一步，以前没有实现的，现在实现了。简化字主要阻力在台湾，香港当然也会受到台湾的影响。可是这件事情，我想别着急，慢慢会改变。现在联合国正在准备，所有的中文文件都会用简化字。因为用两种字体是没有必要的。如果用了简化字，这就证明简化的方向是对的，是得到全世界多数人同意的。

简化最重要的是，小学教师都说简化字好教，都说小孩子学字好学，认字好认，写字好写。在电视上、网络上、电脑屏幕上看简化字，非常清楚。因为它有许多好处。许多字简化后，汉字逐步在进行进一步的规范化，规范化也就更重要。

我们做这件事是正确的、是进步的，一定会逐步推广，在香港他们也会慢慢地采用。现在香港跟中国大陆是一个国家，可是因为实行"一国两制"政策，来往还不是很多，但将来会越来越多的。同时，我们国家在国际上的影响越来越大，世界各国学中文的人逐步增多，在这种情况下，简化字慢慢会变成中文唯一的标准。到那时，香港人也会喜欢用简化字，这个不必勉强他们，也不必告诫他们，他们必然会一步一步前进，联合国准备用简化字就说明我们的推广方向是对的。

《工人日报》记者： 普通话推行，而一些方言也在消失，您如何看现在一些地方提出的"保卫方言"的观点？

周有光： 据我所知，提出"保护方言"这个讲话是在上海出现的。上海为什么发生这件事情？我的理解是中国现在一些大城市发展非常快，发展快会使外来人口越来越多，本地人口增加得非常慢，所以慢慢地这些城市就变成一种"大城市、大都会化"。什么叫"大都会化"，就是全世界在全球化时代的爆堵现象。例如，每年进出纽约的人口是1300万。在"大都会"里不可能通行本地的方言，就得用一种共同语，在中国就是普通话。在"大都会化"过程中得使用通用语，必然是普通话，这是一个自然的趋势，这不仅是中国的现象，也是世界各国的现象。"大都会化"在中国正在前进，上海的方言照样可以用，不会妨碍。方言发展要和普通话竞争，在大都会化的背景下是不可能的，因为"大都会化"必然用全国的共同语，甚至用世界的共同语，"大都会化"这个现象在中国是越来越明显，这是一个进步，这是鲜活的进步，了解了这个情况，"保卫方言"这个话就不攻自破了。

中国语言文字网记者： 社会上有人在搞个人的拼音方案和拼音文字方案，这种做法有意义吗？

周有光： 从清朝末年，中国人提出文字要改革。文字要改革，第一要制订一个方案，在清朝末年就开始了这样一项运动。有许多人对这个问题兴趣大得不得了，我们在20世纪50年代定《汉语拼音方案》的时候，一下子拿到六百多份方案，后来又拿到一千份左右方案，然后又拿到一千多份方案，一共拿到的方案近三千份。这是一个群众创造方案的自然现象。这个现象是一个进步现象，就是群众已经了解到需要改进我国的语言文字以适应时代的要求。可是方案不可能有许多种，只能有一种，而且方案定了后，一定要国家给予它法律的地位，也就是说，不能随便个人搞。个人搞我们也不要反对，个人和一个小团体搞一个方案，代替汉语拼音方案那是不大可能的。制订《汉语拼音方案》在 50 年代，我们非常慎重，从原理到技术都广泛征求意见、深入研究。

经过三年时间才定下来这个方案。定下来后，我们又为了适应国际的需要，加入国际标准化组织（就是 ISO）。国际标准化组织前后开了好多次会议，经过三年才定下来，又是一个"三年"，使它变成国际标准。所以它的原理性、科学性、适用性等方面都经过了广泛的证明。所以，这个方案被另外一个方案取代是不可能。群众为学术研究的创造，是一个好事情，不是坏事情，我们不要反对。可是要使大家明白，个人方案是不可能代替国家方案的。

（注：因篇幅关系，会议主持人王旭明及张世平、陈章太等人的发言略）

（原载教育部门户网站，中国网、人民网实时直播）

壮心存，老骥千里
——许戈辉专访周有光

朝闻道，夕死可矣。壮心存，老骥千里。
忧天下，仁人奋起。

许戈辉（主持人）：我今天这位采访嘉宾相当的特殊。首先告诉大家一个惊人的事实，那就是他已经105高龄了，然而当我慢慢地走近他，才发现原来年龄只是他不可思议的一小部分。我们受过教育的中国人大多都学过拼音，而这位老学者正是汉语拼音的制定者之一。被称为"汉语拼音之父"的他，偏偏是半路出家，年过半百才从经济学领域游到了语言文字的海洋。更让人不可思议的是，82岁的时候，他开始学电脑，之后的所有著作都是在电脑上完成的。而去年，105岁的他又出了自己的文集《朝闻道集》。在一个冬日的下午，当我真正地坐到他面前的时候，我的脑子里立刻浮现出他新书扉页上的那几句话：朝闻道，夕死可矣。壮心存，老骥千里。忧天下，仁人奋起。

许戈辉：周老，我看到您最近刚刚出了一本书，这里边我看有很多文章都是您100岁以后写的。

周有光：对。这本书都是100岁前后15年，大概15年左右写的。我这个时期写的文章很多，因为没有事情干，乱写的杂文。

许戈辉： 那您都是怎么写呀，现在是用笔写，还是您跟人家说，人家帮您记录啊？

周有光： 我有一个小的电子打字机，实际是一个小电脑，可以打中文英文，方便得不得了。我在那边房间里面，我的大电脑放在这里，这个大电脑呢，是我跟外面联络用的，我自己写文章呢，我用这小电脑。为什么呢？那个写文章方便，打拼音它就变成汉字了。

画外音： 的确，信息时代快捷方便的交流，离不开汉语拼音的创造。被誉为"汉语拼音之父"的周有光，天天使用着自己建立的现代汉语拼音系统，将他的思想传播得更远。而要追溯他与汉语拼音的结缘，那还得回到他的大学时代。

周有光： 我在大学里读书，虽然主要是学的经济学，可是我在业余时间，对于这个语言文字学很感兴趣。我从中学到大学，在教育方面是一个很大的改变。在中学主要是学中国古代的东西，一到大学呢，我在当时进的是所谓帝国主义的学校中，最有名的圣约翰大学。一进这个大学，它的校园语言是英语不是中文。一进这个学校里面，除了中国文学、中国历史、中国文化这些课程是中文，其他都是用英文。老师解释都是用英文，学校里发布告都是英文，连门房讲话，看门的人讲话都讲英语。这个语言一改变，又发生许多问题。比如我进大学的第一天，你要交钱嘛，交了钱呢，他就给你一个卡片，这个卡片上面就把我们的名字印在上面了，不仅有中文的名字，还有字母写的文字。

许戈辉： 那个时候的字母是什么，是拼音吗？
周有光： 老的拼音。

许戈辉： 老的拼音？

周有光： 这个老的拼音不是拼的普通话，是拼的上海话。

许戈辉： 哦，真的？

周有光： 因为那个时候国语在上海还不流行啊，上海话还是主要的。那么他说什么东西都是按照这个字母来排的。这个非常方便呀，否则你的档案啊什么东西，你要查就查不清楚了。这是一种分类的方法，管理的方法，叫字母管理法。这个立刻就看到西洋文化的效率问题。否则我们的档案你要查起来困难得不得了，他们一下子就查出来了。这是一件很小的小事情，第一天就给我很深刻的印象。我觉得这个语言文字，跟工作效率有极大的关系，这样子我对语言文字就发生了兴趣，不过一直不是我的专业。可是我一直在业余时间就自修，阅读了一点语言文字的课程。后来到了欧洲啊，我就发现这个字母学很有趣味，因为在中国没有这门学问的，我觉得很有趣味，我就自己看自修，我买了许多书，我想不到隔了几十年之后有用处。

画外音： 大学里学习经济学的周有光，毕业后任教于光华大学等校，其后任职于江苏银行和新华银行，并被派驻纽约和伦敦。1949年上海解放前夜，他返回中国，随后任教于复旦大学经济研究所和上海财经学院，讲授经济学，业余从事语言文字研究。到了1955年，虽然自称为语言学的门外汉，但周有光却需要面对人生中的又一次转变。

周有光： 新中国成立以后，在1955年举行一个大会，叫全国文字改革会议。中央叫我来参加。我在上海复旦大学教书嘛，我教的经济学，不是这个。那么开完了会呢，我又赶快要回去上课的呀。那么领导说，你不要回去了，因为新成立一个文字改革委员会需要人，希望你来参加这个工作。我说不行，我说我是业余搞的，我是外行。领导说这是一件新的工作，大家都是外行。那么当时这个复旦的校长呢，也是劝我，劝我改行。他认为这个语言文字也是很重要，那么我就改行了。所以到了1955年冬天开会，1956年呢，我就调到北京来了。从此以后呢，我跟经济学就分开了，就完全搞语言文字学了。

画外音：1955年10月，中共中央召开全国文字改革会议，周恩来总理亲自点名，邀请精通中、英、法、日四国语言的周有光参加会议。会后不久，年过五十的周有光接到通知，从上海调往北京。

周有光：为什么要举行这个会议呢？因为当时说要建设一个新中国，老百姓80%都是文盲，就要很快地把这个文盲的文化提高，那么就把希望放在文字改革上面。这个文字改革运动，不是这个新中国成立以后才有的，清朝末年就有了，一步一步到了新中国成立以后呢，有了这个专门的文字改革委员会来做这个工作。这工作要求四件大事情。第一呢，全国都要会讲同一种国语，后来改名称叫普通话。第二呢，除写文言文之外，一般的东西都要写白话，叫白话文运动。还有第三呢，这个汉字乱得很啊，一个字有多少种写法，我100岁的时候，人家送我一个《百寿图》，一个寿字写了一百个样子。

许戈辉：是汉字的魅力，也是汉字的麻烦。

周有光：但是呢，你到了机械化、电脑化的时候，你每一个字只能有一个标准，那么这个标准你当然是选一个比较简单的嘛，这就是简化嘛。第四件事情呢，就是要有一套字母来给汉字注音，因为汉字读音困难，所以制定一个汉语拼音方案。

画外音：制定汉语拼音方案：关于26个字母的复杂学问。
留在北京的周有光与叶籁士、陆志韦共同起草了第一个草案：汉语拼音文字方案。当时，周有光提出了三点原则：拉丁化、音素化、口语化。但是，汉语拼音方案，究竟以什么字母作为基础，在当时存在着许多争论。

周有光：制定汉语拼音方案，看起来是26个字母，好像很简单，实际这是一门很复杂的学问。我听说毛泽东到苏联就问斯大林，说我们要改革文字，你看怎么办？斯大林说，你们是一个大国，可以创造自己的一套字母。那毛主席回来以后呢，在当时有一个学会是民间的，不是政府机构，我刚刚讲的中国文字改革委员会是政府机构。有一个叫文字改革研究委员会，这个研究委员会呢，就尝试创造民族形式的方案，就按照中国传统来创造。搞了三年呢，搞出来的方案都不满意。那时我们的领导叫吴玉章，吴老就跟毛主席讲，说搞了三年呀，这个民族形式不满意，还是采用罗马字母吧。那毛泽东就同意了，同意以后呢，毛泽东就把这个问题提到党中央，中央开会的时候，中央也同意了，这样子就制定罗马字母的汉语拼音方案。

画外音：经过三年的反复修改论证，1958年，全国人民代表大会通过了汉语拼音方案，并在全国推行，这使得难认难学的中国方块字有了通用的代码。到了1982年，国际标准化组织通过国际投票，认定汉语拼音方案为拼写汉语的国际标准。

许戈辉：可是周老，我听说呢，到现在为止还有一些人，会觉得汉语拼音呢，对我们这个汉字文化传统真正的传承啊，会有一些阻碍的作用，会有一些负面的作用，您同意吗？

周有光：一直到最近呢，还是有许多人对我们这个文字改革是不满意的，我想他们的不满意是有道理的，为什么呢？因为这些工作的复杂性许多人不了解。同时呢，语言文字改革是慢慢来的，你不能很快，比如许多人，有的人主张拿拼音来代替汉字，不可能的，这是不可能的。所以人家问我，你看要多少年，拼音能代汉字，我说你等 500 年吧。

许戈辉：虽然是拼音之父，但您不建议。

周有光：所以我们的政策是用拼音帮助汉字，而不是用拼音来代替汉字。那么最近包括这个政协里面提的提案，他们这个动机是很好的，我们要感谢他们，可是呢，他们并不了解情况。

许戈辉：在准备这次采访的时候呢，我就想，去和一位语言文字的专家对话，我特别想知道，周老到底如何看待，2009 年初闹得沸沸扬扬的汉字繁简之争。不过我也有一点担心，毕竟是一百多岁的老人家了，万一不是那么关注每一条新闻，不知道这件事该怎么办呢。没想到，在我们的聊天当中，周老自己就谈到了那个提案，看来真的是与时俱进。那么，对于汉字恢复繁体字的呼声，周老到底如何看待呢？

周有光：这个繁体简体的矛盾啊，许多人都是不了解情况。我们写的普通用的字呢，汉字的数目多得不得了，那么我们规定通用汉字 7000 个，通用汉字 7000 个当中呢，大部分的字没有繁体简体的分别的，只有一小部分。那么这一小部分呢，有简化繁化的分别的呢，当中也可以分开来。很少一点呢，是真正的有分别的。有许多呢，都是我叫作类推的。你比如说，一条鱼的"鱼"字，本来下面四点，你改了一横了，你改了一个鱼字，许多鱼字旁你都认得了嘛，对不对。所以许多这个繁体简体呀，用不着学就可以知道了。

许戈辉：对。

周有光：而且这个简化字啊，不是新中国成立以后创造的，不是的，都是古代有的。在 1956 年，我们定这个汉字简化方案的时候，我们采取的原则叫作约定俗成，不是创造性的。

但是呢，许多人希望我们学台湾。

许戈辉：您觉得呢？

周有光：我想这个很困难的，因为我们是前进了，他们没有前进，他们是，像我们小的时候都是这样子呀。看嘛，看一个字，写嘛，写另外一个字嘛，完全不一样的嘛。那今天能不能这样子教小孩呢，不可能的。因为今天小孩要使他花比较少的时间来学好文字，因为今天要学的东西多了，跟古代不一样了。

许戈辉：我手上的这本就是周老的新作《朝闻道集》，封页上写着：这是周有光先生在105岁之前，对于这个世界的观察与思考。其实我们随便地翻开书的目录，从那些题目中就可以看到作者的良苦用心。比如说像美国何以长盛不衰？苏联为什么会解体？贫穷的阿富汗会不会成为亚洲的瑞士？还有像东西方文明能够共融吗？为什么说"大同理想"和"小康现实"？那些从容淡定的话语，显示了周老丰富的学养和时事关怀。尤其是书的开篇——华夏思古，对于正在崛起的中华民族来说呢，尤为具有现实意义。

我想知道，您到底为什么那么重视华夏文化精髓的重拾？

周有光：对。

许戈辉：您说我们要重新拾起我们华夏文化的精髓。

周有光：因为我们这个"文化大革命"以后啊，我们这个文明古国没有传统文化了。他把中国的传统文化整个否定，西洋文化整个否定。后来向苏联一边倒，苏联自己也倒掉了。那么在这个时候呢，不只是我，许多人就开始怀念中国古代文化，所以呢，有一个无形当中的华夏文化的复兴运动。华夏文化的复兴，不是复古，而是更新，就是要学古代文化当中的精华，并且加以改进发展。这样子是恢复你的文化、发展你的文化的一个方面，另外呢，要学外面的文化，主要是先进的文化，这两个方面都要发展。这样子呢，我们的新文化才能起来。

画外音：复兴华夏文化，不是文化复古，而是文化更新；不是以传统文化代替现代文化，而是以传统文化辅助现代文化。根据现代需要，用科学方法，学习和实践古人的有益教诲。

周有光：中国有一句老话，叫作温故而知新，这个话非常有道理。西洋的文化，你读西洋的历史、西洋的文化时就知道，它的文化高度上升是由文艺复兴开头的。什么叫文艺复兴呢，西洋的文化不行了，落后了。它怎么办的呢？它怎样复兴的呢？它就去读古代的希腊文化，西欧都把希腊文化忘掉了，所以落后了。它就把古代的旧的文化，也就是古代希腊文化里面的精华拿出来，加以提高发展。这样子呢，再有新的文化。这样子创造了西方，所谓西方文化，后来变成世界上的一个文化高潮。所以文化的发展都是温故而知新，要从旧的里面得到新东西。

不得不学的国际现代文化

画外音：在复兴华夏文化的同时，向国际现代文化的康庄大道勇敢前进。这就是当前知识分子不可推卸的历史责任。

周有光：人类的文化，它是从分散到集中。古代有好多个文化摇篮，后来慢慢地聚合成为四个传统文化系统。这四个传统文化呢，一个是东亚的，东亚文化，以中国文化为中心；一个是南亚文化，以印度文化为中心；一个是西亚文化，以伊斯兰教文化为中心。还有一个是西欧的文化，西欧文化传到美国，那么变成西方文化。所以在历史上面呢，传下来的有四个传统文化系统。那么这四个文化传统系统，到了全球化时代，相互流通相互学习，好的东西大家用，就慢慢地产生一个新的文化，这个新的文化就叫作现代文化。所以现在这个文化的结构有两层，一层是国际现代文化，另外一层呢，是中国的传统文化。

许戈辉：我们用不用担心越来越国际化，共享的文化越来越发达，但是每一个地域自己特有的文化就逐渐会消失？

周有光：许多人是担心，实际上用不着担心。为什么呢？它自然地变成一种双文化现象。就是每一个人啊，你不能不用、不能不学这个国际现代文化，不可能的。你能不坐火车吗？现在还有高速火车呢。你能不坐汽车吗？你能不坐飞机吗？另外呢，这种双文化的生活，实际上是一早就有了，中国古代就有了。中国古代是中国的传统文化，后来呢，印度的佛教文化传来了，佛教传来不是几个菩萨，它传来好多学问。所以中国的文化一早啊，到了唐代就是中国的传统文化和印度传统文化，这是双文化了。已经是这样子了。双文化嘛，当然我要影响你，你要影响我嘛，可是并不是说，你影响我，我影响你，将来变成一种了，不是，实际上两样都有。

喝星巴克、看最新大片的新潮老头

画外音：周有光，百岁人生从传统过渡到现代的一个缩影。他被誉为中国的"汉语拼音之父"，年过百岁，笔耕不辍。

许戈辉：人家说长命百岁是一句祝福语，您现在都超过一百岁了，您可以去冲击吉尼斯世界纪录。

周有光：大概一百岁是人的一个正常的结束，超过一百岁是例外，我说是上帝糊涂把我忘掉了。

画外音：周有光，原名周耀平，生于清朝光绪年间，一生经历了晚清、北洋、国民党政府和新中国建立四个时期，有人戏称他是"四朝元老"；更有人将他的百岁人生，视为百年中国从传统过渡到现代的一个缩影。

周有光：我从小学到大学，我自己看到新中国的变化很大。比如说原来的私塾，后来变成洋学堂了。我家里的男工带了我去看，把庙里面的菩萨打掉，变成小学校，后来我就进这个小学校。所以我看到私塾变成洋学堂，我看到男人从留长辫子到剪成短头发，我看到女人从裹小脚变成放大脚，我看到家里面原来点洋灯后来变成点电灯。

许戈辉：灯泡。

周有光：而我的生活的环境呢，我们的家乡是江苏常州，可是后来我们家到苏州，后来到上海，所以我小时候的读书时代，是在上海、苏州、常州这个小区域，就是沪宁铁路的东部，这个地方呢，刚刚是中国当时吸收外国文化的一个口子，那个时候上海是全国经济文化最发达的地方。

许戈辉：那您学经济专业是不是也和这个有关系？

周有光：学经济是这样子的，那个时候有一个流行的想法，我觉得也有道理。他说中国最重要的是要经济建设，你经济没有建设好，旁的都是空话。这个思想影响了我，所以我就学经济。

画外音：1923年，周有光考入圣约翰大学，主攻经济学。毕业后进入国民党政府的银行工作，并曾被派驻名声显赫的美国华尔街就职；新中国成立后，他回到上海担任经济学教授。虽然年过半百因偶然原因转攻文字改革，但时至今日，经济学出身的他，仍然时刻关注着中国的经济动向。

周有光：我们一直到改革开放以后呢，变化很大。我们特别是经济改变了。经济改变了，我们改革开放最重要就是接受外包。

许戈辉：但是外包就把中国变成了一个世界的大工厂了。

周有光：你不接受外包不行啊，这个"文化大革命"搞得我们真是苦得要死，再搞下去就搞不下去了。所以邓小平就改变了，改革开放，最重要就是这一方面。所以由于接受外包呢，这个外国的经济学就不能不学了，特别是凯恩斯的经济学不能不学了。我给你讲一个有趣味的事情，20世纪50年代，我在人民大学兼课，我下了课的时候，在那边喝茶，另外有两个教授讲话，他说我们请来一个苏联教授，经济学的，他一张口就骂凯恩斯，学生说我们不懂凯恩斯，请你介绍一下。他说我不能介绍，我介绍了就是给帝国主义做宣传了。我们改革开放以后，我们把凯恩斯的书都翻译了，现在凯恩斯的书到处都有了。可是我们引进西洋的学术，自然科学方面引进得很快，社会科学方面我们好多还没有引进来，我希望将来慢慢地，我们都应当引进来。

画外音：周有光的人生经历与中国社会一百年来最轰轰烈烈的变革同步进行着：抗日、内战、新中国成立和之后大大小小的运动，他都是亲历者和见证者。而至今让周老感到最为艰苦的岁月，莫过于抗战八年和十年浩劫。

周有光：我一生艰苦得最厉害的，一个就是抗日战争八年。那个时候抗日战争啊，我在重庆，有一次一个炸弹在我旁边炸掉，我呢，是被这个炸弹，这个热浪啊，冲出去，掉在阴沟里面，旁边一个人炸死了。还有一次呢，我晚上到乡下去办事情，回来晚了，回到家里面，这家完全炸光了，家里人到哪里去不知道，那个时候我们的家，有三个家。我们家真是运气，炸城里面，我们在乡下，炸乡下，我们在城里面，我们没有被炸到。还有呢，就是"文化大革命"。这个时候的苦在哪里呢，这十年不能做工作。我下放宁夏，下放宁夏呢，叫作"五七学校"，我们叫"五七战士"，"五七战士"实际上是劳改犯。到那边去，到了那边才知道，那边有好多个下放劳改犯的这个所谓的站。我们是国务院直属单位下放的，下放一万个人，搞两个站。他们说是周总理特别关照我们要优待。怎么优待呢，我们可以点电灯，第二呢，我们打井，可以有自来水。

许戈辉：一共去了多长时间？

周有光：两年四个月，我种田，种一年的田，真正种田呀，真正下田，我觉得非常有趣味。

许戈辉：有趣味呀，不苦啊？

周有光：因为我一生没有种过田嘛。第二年不要我们种田了，我们年纪大点的做做轻松的事情。轻松做什么呢？看那个白菜窖，我也觉得有趣味，看白菜窖特别有趣味，当地没有白菜，白菜是从天津运来的，白菜好得不得了，可是容易烂，要天天晒太阳。快要烂了呢，赶快吃。那么好的嘛，慢一点吃，可是有的又快烂了，又赶快吃。

所以从头到尾都吃这个坏菜！

许戈辉：烂白菜。

周有光：好的菜都没有吃。所以我得到一个原理，叫白菜原理。好的不吃，坏的再吃，不坏不吃，坏了全吃。我觉得这很有趣味，我觉得世界上有许多事情跟白菜一样。

许戈辉：所以总是没有好日子过。

周有光：我是怎么样维系这件事情，都是拿这个乐观的态度来处理的。为什么呢？你悲观也没有用处。人家问我中国有没有希望？今天的情况好了，那个时候不是很坏的时候、很糟糕的时候嘛，我说有希望。为什么呢？整个世界在发展，中国是世界的一个部分，你不能不跟着这个潮流往前进，所以我觉得中国一定有希望的。

画外音：就在本期节目播出的这周周三，也就是2010年1月13号，周老迎来了自己105岁的寿辰。他这一辈子颇多坎坷，但是从不悲观，总是以微笑去面对。有一个很典型的例子，1933年4月30号，他和才女张允和结婚了。如果按照老人的说法呀，这是个特别不吉利的日子，因为正值月末，叫做"尽头日子"。他家的保姆还背着他们，拿了他们两个人的八字去请人算，结果算命先生说：这两个人啊，都活不过35岁。偏偏周有光不信这个邪，他笑着说：旧的尽头正是新的开始。结果怎么样呢，夫人张允和活到了93，而周老呢，至今身体还蛮硬朗的。

许戈辉：周老，为什么您能在苦日子里还那么乐观呢？

周有光：这个我想跟我妈妈有关系，我的母亲她的时代可能比我的时代还要困难，所以她锻炼了一种抵抗灾难的人生观，她说这个古代有一句话叫：船到桥头自然直。这个水流都是不稳定的嘛，可是它要过桥的时候这个水流就稳定了，所以船自然会通过这个桥洞。她说人生也是这样子的，你不能不遇到困难，遇到困难你不要惊慌，自然会度过去的，不要失望，这是一点。还有就是读古书，古书上面有两句话叫：卒然临之而不惊，无故加之而不怒。卒然临之而不惊，就是忽然来打击你，你不要惊慌；人家打击你没有道理的，无故加之而不怒，你不要生气。还有呢，那个时候我们在中学的课程里面，有讲佛学的这个文章，这个当中讲到，你不要为身外之物而牺牲自己。比如有的人为了财产而自杀，有的人为了人与人之间的矛盾而自杀，这个都是可以让步的，可以忍受的，可以不在乎的。我的确对于这个财产是不在乎的。

最后是"文化大革命",我们被下放了家里没有人。造反派把我们家打开了,都住在我们家里面,把什么东西都搞掉了,连个纸片片都没有了。我们不是回来了嘛,回来了到家里面,造反派住在里面,领导赶快叫他们搬走,我们搬进去。我们家里什么都没有了,我不在乎。

许戈辉: 不在乎啊,没有心疼啊?

周有光: 一点不在乎,假如你在乎吧,你自己就不高兴了嘛,不高兴嘛,你不是自己受罪了嘛,就拿人家的错误来惩罚自己了嘛,有什么好处,一点没有好处嘛。

许戈辉: 对,对,对。

周有光: 我每天看报看书,不仅是看国内的。因为我年纪老不能出去活动,我老在家里面,我的国外的亲戚朋友啊,他们知道我要书看,所以他们找到好的书都寄给我看。

许戈辉: 看书您最爱看哪一类的呀?

周有光: 我的看书叫作被动地看书,他们给我什么书我就看什么书。看这些东西呢,我说我是扫盲,自己扫盲。我说我是一个专业工作者,我一直钻在这个专业的井底里面,我不知道外面世界。现在我离开办公室了,回到家里面来了。回到家里面呢,我发现我的专业之外还有一个很大的知识海洋,这里面我是文盲。

许戈辉: 您看您的满肚子学问还叫说扫盲,我知道"周百科"这个名字,是您的连襟沈从文先生给您起的是不是?

周有光: 那是开玩笑的。沈从文这个人是了不起的。他年轻时候住在湘西,那个时候湘西这地方是封闭得不得了。

许戈辉：也很苦。

周有光：所以他接受了古老的教育，新的教育他都是自修的。所以后来他到了北京，他说我是乡下人。他没有进过新式学校，所以现在小孩子说是小学毕业了，他说好极了，他说我还没有小学毕业呢。所以他的经历跟我完全不一样。可是我跟他有一点是完全相同的，就是自学。我觉得这个自学非常重要，他的学问都是自学来的，他是私自自学很成功的。我可以说我的知识也是主要靠自学来的。我认为一个人必须：终身教育，百年自学，一直要到死还要学。

画外音：周有光自称是一位"两头真"的学者。用他自己的话解释，就是年轻的时候一味天真盲从，到了老年开始探索真理。每天上午，周有光都会准时地坐在他那台老式的夏普打字机前，开始一天的生活。从1988年12月31日离休之后，这个习惯保持了二十多年。他说：我的生活很简单，我的天空就是这半个书房。

周有光：我是研究人类历史发展规律的，从人类历史的发展规律来讲呢，有三个角度可以简单讲。从经济来讲，第一个是农业化，第二个是工业化，第三个是信息化。从文化来讲，最早的是神学思维，后来发展为玄学思维，那么最后发展为科学思维。从政治来讲呢，神权、军权到民权，就是从专制到民主是自然的发展，这是人类历史发展的规律，谁也不能违背这个规律的。而这个民主这个东西，不是什么人要不要的问题，也不是一个国家的创造，也不是什么人的发明，不是的。它是从古代到现代慢慢地发展的。

中国一早就有民为贵，这是民主思想，可是没有民主制度。西洋最早呢，这个民主是少数人的民主，不是全体人民都受到好处的，是少数人得到好处，后来这得到好处的人逐步逐步扩大，所以这个民主发展是很长的一个历史，几千年慢慢地变的，现在还在前进。最新的，民主制度的新的发展是什么呢？两件事情，一件事情呢，就是电视里面辩论。美国总统选举不是两个人在电视里面辩论嘛。第二件事情呢，叫作国际观察。国际有好几个观察机构，你选举的时候他就派人来看，他不讲话，看了以后呢，他就可以知道你这个选举是真的还是假的。最近一个有趣味的新闻，英国是最早提倡民主的嘛，可是英国一直没有电视辩论。最近有消息说，它明年它要大选，明年英国的首相要跟候选人在电视上面辩论。这是一步一步来的，所以民主制度还要将来逐步怎么样进步我们不知道。到目前为止新的花样，就是电视辩论、国际观察，这两件大事情。

画外音：晚年的周有光常被人们称为"新潮老头"，虽然已年过百岁，但每天还要读书看报、至今仍勤于笔耕；喝星巴克咖啡，看《特洛伊》大片，时尚不落当代青年。

许戈辉：我读到您的书里，您说以前咱们说衣食住行，您还给加了一个"信"字。

周有光：我为什么加个"信"呢？信息化时代啊，你用不用手机呀？

许戈辉：肯定要用的。

周有光：你手机打短信吗？

许戈辉：打呀。

周有光：你怎么打的？

许戈辉：我输拼音。

周有光：对。所以今天这个人啊，已经不能没有手机了。这个手机、电视、电脑,它是很神奇的东西呀。什么叫神奇呢?我们神话小说上面,神仙能够看到千里以外的东西,千里眼,顺风耳。现在你的电话是不是顺风耳啊?

许戈辉: 就是。

周有光: 你的电视是不是千里眼啊?一个手机可以讲话,而且可以看到对面的人。万里之外的人都跑来了,都跑到我耳朵旁边来了,我们不是神仙生活了嘛。

许戈辉: 采访结束后,让我久久不能忘怀的是周老居住的那间小屋。在高楼林立的北京,要想找到这栋普通的居民楼可还真不太容易。一墙之外,是喧嚣的都市;一墙之内,是周老"无轨电车"式的规律生活——看书、写作、会客、休息。楼里没有电梯,当我顺着楼梯爬上三楼的时候,脑海里不禁浮现出周老缓慢的脚步,那些脚步,历经沧桑,从容、淡定,而且乐观,正像周老自己在《陋室铭》中所写的那样:山不在高,只要有葱郁的树林。水不在深,只要有洄游的鱼群。这是陋室,只要我唯物主义地快乐自寻。

(2010年1月10日、1月17日,凤凰卫视"名人面对面"节目:许戈辉专访周有光。)

我是一个"科普工作者"

田志凌

1月13日,"汉语拼音之父"(但他本人并不同意这个称呼)周有光老人刚刚度过他的第105个生日。

除了耳力不好外,周老的状态完全不像一个105岁的老人。他说话声音洪亮,头脑清晰,讲到兴奋处哈哈大笑。他每天看很多书,至今每月在《群言》杂志发一篇文章。遇到有好的网络文章,儿子周晓平或朋友还会下载给他看,比如奥巴马获诺贝尔和平奖的英文演讲稿。自从85岁离开办公室,周有光离开了自己语言文字学"专业的深井",发现深井外面有一个大的知识海洋。"在这个知识海洋里面我是一个文盲,我要赶快扫盲。"从此周有光在家孜孜读书求知,亲朋好友给他送来各种国内外的书籍杂志,每个礼拜都有香港朋友给他寄英文的杂志。

他看《纽约时报》的《年鉴》,读《时代》周刊和《新闻周刊》,与最新的思潮保持接触。甚至在《世界是平的》中文版还没引进的时候,他就已经读过了英文原版,读书心得也写了下来,成为一篇篇随笔。

日前周有光的随笔结集出版为《朝闻道集》,大部分文章都写于他百岁前后,一部分是首次发表。在书中,周有光探讨了各种当下关注度颇高的议题:民主与专制,大同与小康,传统与现代。他考察了美国的兴与苏联的衰,提出与季羡林"河东河西论"不同的"四种文化"论,探讨了对待华夏文化的态度。学者丁东赞其文"理性、冷静、中肯、深刻"。网友赞他是"年轻的思想家"。

周有光说,把随笔集定名为《朝闻道集》是因为他猜想这可能是他的最后一本书。孔子说:"朝闻道,夕死可矣",意思是人老了,只要在临死前明白了真理,也就无憾了。话虽如此,他还在每天看书,写文章。出版社责编对记者说,这肯定不是最后一本。

科学要用事实说话

记者:《朝闻道集》的文字清晰简明,像是普及读本。这是不是受了您做语言文字工作的影响?

周有光:不错,我写东西尽量简单明了,预计不好懂的都要改掉。甚至我写的大学课本、文字发展史,我都要改到让中学生都能看懂。我说我是一个"科普工作者",这很重要。有些朋友写东西很好,但普通人看不懂,那就不能发挥作用了。

记者:年轻时您接受进步思想,仔细研读过《资本论》,但现在您好像对它有不同看法?

周有光:《资本论》影响非常大。我在上海圣约翰大学上一年级的时候就读了。圣约翰大学虽然是教会办的,但并不强迫学生信教,很民主,图书馆里什么书都有。我进大学不久就借来英文版的《资本论》看了。后来过了很多年,我想,马克思写《资本论》很艰难。困难在于他没有看到不同的资本主义时期。资本主义社会有多种分段方法。有一种分段是,第一次世界大战之前是初级阶段,"一战"和"二战"之间是中级阶段,"二战"后是高级阶段。马克思只看到初级阶段的前半期,他没有看到资本主义发展的事实,写起来当然艰难。

记者：你在书中说，"大同"只是一种理想。

周有光：我说，大同是可望而不可即的崇高理想，小康是切实可行的具体现实。苏联瓦解后，历史学者经过研究，清楚地看到苏联的"发达社会主义"是空中楼阁。苏联瓦解的根本原因就是盲目追求理想，鄙视和破坏现实，违背社会发展的规律。

记者：您为何对美国、苏联两个国家的发展史做特别的研究？

周有光：是杂志社找到我写的。中国骂美国几十年又和好，美国究竟怎么回事？苏联为什么垮台了？这些大问题很少人研究，也很少人有耐心去看一本书。杂志社就希望我写一万字，把要点都写出来。我客观地写美国和苏联，它们的优点和缺点。我把这些看作是"科普工作"。

苏联为什么瓦解呢？因为它违反了历史规律。你可以短时间违反规律，但不能长时间违反规律，否则你就要垮台。斯大林建成的社会主义是虚假的，深层是专制制度。苏联瓦解后，俄罗斯上接帝俄的传统，从头建设资本主义，这是历史的自然趋势。美国有个商务部长说苏联的经济是"暖房经济"，一开窗外面的冷风吹进来，花就蔫掉了。就是说，苏联的计划经济是没有竞争能力的。为了写这两篇文章，我看关于苏联的书有20部以上，美国的也超过20部。其中一半都是国外的书。

记者：季羡林提出"河东河西论"，说"世界文化的接力棒将传到东方文化手里"，您好像不同意他的观点？

周有光：那时有个记者采访了季羡林，季羡林讲三十年河东三十年河西，文化的接力棒就要传到中国来了。他的话报道出来以后很受欢迎。后来还开了很大规模的国际学术会议，我没有参加讨论。我不赞同。从历史角度来讲，不能这样分东方西方。

根据世界历史，古代有很多个文化摇篮，可以总结为四大传统文化：以中国为中心的东亚文化、以印度为中心的南亚文化、以伊斯兰教为中心的西亚文化，还有就是西欧文化。西欧的文化传到美洲，就是今天的西方文化。四个系统，不是两个。你把它分成东西两个，后面三个合成一个，那不是完全错了吗？东方西方，是老的讲法，是对世界历史不了解的讲法。

记者：您跟季老表达过您的意见吗？

周有光：我跟他是好朋友，但学问不一样。有一次开政协会，我们刚好住在一个房间。我们之间聊天不讨论学问的，因为他的学问我也不懂，我搞经济学他也不懂。我们没有矛盾，各讲各的。

大国崛起的观点是错误的

记者：2008年美国金融危机席卷资本主义世界。认为中国"大国崛起"，中国模式将胜过西方的论调又在涌动。您怎么看？

周有光：我在这书里讲到，大国崛起的观点是错误的。我认为现在有小国崛起的现象，没有大国崛起的现象。什么是崛起？从经济角度来讲当然是富起来了，我们中国有没有富起来啊？有的人说中国富起来了，的确有那么多外汇当然富了。但一个国家穷还是富，是要讲人均GDP的。富当然不是讲国家的，富是讲个人的。

我在书里有一个附录《从人均GDP看世界》，把2009年全世界很多国家的人均GDP做了比较，全世界可以分ABCDE五个等级。A是人均4万美元以上，D是人均1万美元以上，E级是五千美元以上。大国崛起说是"金砖四国"，这四个国家中，俄罗斯的人均GDP算是最高的，在D，中国的人均GDP只在E。还在第四等、第五等，怎么崛起呢？很多人认为大国崛起了，很高兴，让他们高兴高兴也好，我是要讲科学的。

为什么把这些数据列出来，因为中国人看到的东西太少了。有一个笑话，赫鲁晓夫的儿子是个大报主编，60 岁了到美国去申请加入美国国籍。要考 20 个题目，其中有一个问题"什么叫三权分立"，他不知道，成了一个大笑话。因为苏联不许讲这种事情。沈从文有个孙女儿在英国读了两年书，又到美国读了两年书。我问她，你在国外读书有什么感受？她说都很好，就是有一点感到不舒服。什么不舒服？她说，在国外读书经常分组讨论国际形势，讲到中国的时候她完全不了解，还不如她的外国同学了解。

记者：您最早是搞经济的，后来怎么改行做语言文字工作了？

周有光：20 世纪 30 年代我在上海的银行工作，在大学也是教金融。但业余时间，我从大学时代就喜欢语言文字学的东西，看了很多书，参与了当时的文字拉丁化运动。当时我写了一本小书《字母的故事》，今天看来是很幼稚的。那时正争论做汉语拼音方案用什么字母，一种意见是搞民族形式，另一种意见是搞国际形式，争论很大。我就把我所了解的字母历史写文章给他们做参考，在《语文知识》上连载，影响很大。

到了 1955 年举行全国文字改革会议，我到北京参会，领导就劝我改行。复旦大学校长陈望道说，这个工作很重要，因为当时中国文盲率是 80%，要让他们都受教育有文化。所以我就改行了，留在北京。

活一百年遇到倒霉事太多，但我不在乎

记者：您觉得改行改对了吗？

周有光：可以说是改对了。今天文字改革委员会的任务基本上完成了，不太重要了。当时是把这个机构看得很重要，虽然我搞经济学也不是完全没用处，但当时我们这种从美国回来的经济学家，"反右"的时候是重点对象啊。上海非常有名的经济学家沈志远被打成右派，自杀

了，他是莫斯科大学回来的。新中国成立前他用秘密的电报号码跟毛泽东通电报的，这样一个人都自杀了。

当时像我这样从美国回来、在上海的经济学家们，都是被关在监牢里二十多年，后来才平反的。但我碰巧因为改行了，就不算我的旧账了。我是语言文字学里的一个小喽啰，"反右"也反不到我。不过到了"文革"，我们这种知识分子扎堆的机构，还是整个下放宁夏。

记者：沈从文是您的连襟，他当时处境怎样？

周有光：郭沫若批评他是粉红色的小生，新中国成立后他被看作资产阶级文人，是被否定的，他比较害怕。共产党不让他随便写文学，把他放到故宫博物院做解说员。他这个人了不起，人家以为他做解说员肯定不高兴，他无所谓，说我能接触到很多古物，刚好做研究。他这个人能利用环境，自学成才，这是他最典型的特点。

开始我在国外，他在国内。接触很少。新中国成立后我们都在北京，往来很愉快。沈从文的性格平和得不得了，我从来没看过他发脾气，他夫人发脾气他一声不响。他是个文人，不了解政治，对共产党一点都不了解。

记者：您的处境要好些？

周有光：我跟他不一样，我可以说是新社会的青年，我去美国前就倾向共产党了。为什么我们这代青年倾向共产党？因为当时国民党是独裁的，共产党是提倡民主的。我一早就认识周恩来。重庆谈判的时候，国共合作成立了一个全国政协，周总理当时任副主任，每个月开座谈会都请我参加，因为周恩来的秘书是我的朋友。周恩来每次座谈会都讲，我们共产党是要搞民主的。我们当然认为，共产党建设的新中国当然是走民主道路的。

现在很多青年问我，你当年从国外回来干吗，我们今天还要出去。

我说，你们不了解，我们是经历过日本侵略的，所以非常爱国。那时回来不光是我一个人啊，从美国从英国回来的人很多。20世纪50年代开头几年也是很不错的。

记者： 您长寿的一个重要原因，是不是心态乐观？

周有光： 一个人活一百年，我遇到倒霉的事情多得不得了。抗战八年那么苦都过来了，日本人一个炸弹打过来，我旁边的人都炸死了，我侥幸活下来。"文化大革命"下放宁夏，造反派进我家里，把东西都搞光了。林彪死了，我回到家里连一张纸片片都没有了。我都不在乎。胸襟一定要开阔。生活要有规律。我不抽烟，不喝酒。修身齐家治国平天下，第一桩事情就要改造自己，把自己的坏脾气去掉，把自己狭隘的心胸扩大。

（原载于《南方都市报》2010年1月24日，记者田志凌）

一个人要为人类有创造才是人生的意义

灵 子

今年北京的三月仍属寒冬,在穆旦描述为"淡淡的太阳短命的日子",不到下午六点钟,窗外就又冷又昏黄。前一天下起今冬第十场雪,平日喧闹的城市少有得安宁。胡同里三只小猫在四合院门口游逛,六只绿色眼睛射出逼人的光芒。

周有光住在这片老城区近三十年了,书房只有九平方米大,他从不介意,称"心宽室自大,室小心乃宽"。书房里有一张黄漆小书桌,九十厘米长,五十五厘米宽,漆掉了许多。左边摆着书稿,右边搬开电子打字机,就能挪出一片写字的位置。105岁的周有光坐在书桌前,笑眯眯地讲起话来,开心的时候他会以手掩口,仿佛怕大笑失了礼仪。

他喜欢用的形容词是"了不起"。"许多人以为我们有敦煌很了不起,这个现在看起来如此荒野的地方为什么有这么高的文化呢?历史上,敦煌是从巴米扬开始一直延伸过来的犍陀罗文化带①,绝大部分都被伊斯兰教毁掉了,只剩下东面头上敦煌这一段,而且不是这个文化带

---

① 犍陀罗文化是指南亚次大陆西北部地区的希腊式佛教艺术,它形成于公元1世纪,在公元5世纪后衰微。因犍陀罗地区地处印度与中亚、西亚交通的枢纽,又受希腊文化影响较大,它的佛教艺术兼有印度和希腊风格。犍陀罗艺术形成后,对南亚次大陆本土及周边地区(包括中国、日本、朝鲜等国和地区)的佛教艺术发展均有重大影响。——编者

里水平最高的。"

他随手在面前的稿纸上写出"犍陀罗"的英文 Gandhara，由于不能确定拼写是否准确，他很抱歉地笑笑："我现在年纪大了，原来知道的东西我都写不出来了。"

从宗教谈到文化，从文化谈到历史、政治、经济，三个小时过去，老人仍不觉疲倦。晚饭时保姆进来打断他，要他下次再讲，他问我："你今天在这里吃饭吗？"我婉谢，他说："那我还要再讲一会儿。"

周有光出生于 1906 年江苏常州青果巷。这条巷子很有意思，还住过瞿秋白、赵元任，他们三个人都搞文字改革。在常州中学读书时，他钦佩一位叫吕叔湘的学长会背《诗经》，两人那时结识，想不到后来都从事语言研究。

20 世纪 20 年代，周有光考入上海圣约翰大学。同学要他拍一张西装照片寄去，他因为一直在常州，"土得很"，结果到照相馆戴了一个领带，又系上一个领结，成了日后同学必提的笑料。

周有光的专业是经济学，曾去日本留学，之后回国在大学任教，并曾供职于当时"四小银行"之一的新华银行，派驻纽约。新中国成立前夕，他怀着一腔爱国热情从美国回来。

"人家说我是'左倾'幼稚病，但我们那代人经历过日本的侵略，都特别爱国。我搞经济学，以为对战后的国家有用处，没想到回来一点用处都没有。人生很难按照你的计划进行，因为历史把你的计划几乎都打破了。"

他认为 20 世纪两件事对中国改变最大：第一个是日本侵略中国；第二个是共产党，改变了整个中国。

抗战时期他与家人从上海迁到重庆，天天"跑警报"。一次下班路上遇到空袭，炸弹带起的气浪将他甩到沟里，清醒之后他安然无恙，但周围的人全死了。经历过战争的苦难，他反而生出一种乐观精神来，建国之后接踵而至的"反右"、大饥荒、下牛棚、抄家……在他看来都"无所谓，小事情"。

他觉得自己已经非常幸运。1955年10月，年近五十的他接受上级委派，改行参与中国文字改革。1957年"反右"开始了，上海是资本主义经济学的中心，经济学教授都是反右重点。他的好朋友、上海经济研究所所长沈志远自杀，他很优秀的博士生也自杀，他都不知道。朋友说如果周有光先生不是到了北京，到了文字改革委员会，肯定要坐二十年监牢。"我算是逃过了一劫，不然二十年下来，即便不死，出来也没什么用了嘛。"

周有光在语言文学领域建树颇丰，参与制定了《汉语拼音方案》，被称为"汉语拼音之父"；创办现代汉字学，提倡研究比较文字学，填补了当时的许多空白。他说这也不过是幸运而已，"当时等于很多荒地没人开垦，只要去做就容易有收获。"

由于圣约翰大学以外交闻名，周有光一生中多次被邀请到外交界做事，夫人张允和坚决反对。"她是对的，假如我参与政治，就麻烦了。"

张允和出身安徽名门望族，家中四姐妹都相貌出众，品学兼优。叶圣陶曾感伤地说："九如巷张家的四个才女，谁娶了她们都会幸福一辈子。"后来老三张兆和嫁给了沈从文，张允和则嫁给周有光。张允和对昆曲颇有研究，在振兴昆曲方面做了许多工作。周有光伉俪一辈子恩爱有加，这么多年来喝茶时永远"举杯齐眉"，以示对彼此的敬爱。

张允和93岁去世后，周有光也做好准备。"我比她大4岁，她去世了，我想我自己也快了，所以把家里什么有价值的东西都给我的孙女拿走了。想不到活到现在。人家说我年纪大了，活一天少一天，我说完全不对，我是活一天多一天。"

1989年离休之后，周有光大量阅读，并撰写与文化学和历史学相关的文章。90岁到100岁之间，他出版了文集《百岁新稿》；今年1月，又出版《朝闻道集》，收录平日思考心得。他自嘲是"两头真"的学者，年轻的时候一味天真盲从，到了老年又开始探索真理。

"我105岁了，明天要死了，讲错了没有关系。但你们写文章要当心了。"他又笑起来。

"均富"与"共富"

问：《朝闻道集》里开篇就提出小康与大同的关系，您认为小康是现实，大同是永远无法实现的理想？

周有光：假如我们研究古代到现代、西方到东方，会发现所有的社会文化发展到一定水平之后，就有理想出现。文化太低的时候，没有理想，只有迷信。中国了不起的地方是，两千五百年前孔夫子就提出大同的理想，"大道之行也，天下为公"。但是他举出小康的践行者（禹、汤、文王、武王等），却举不出大同的实践者来，为什么？因为大同是理想，小康才是现实。理想是人类文明的原动力，指导我们往前面走，可它不是建设国家的具体步骤，实际发展中永远达不到的。

什么是小康？小康不是一个固定的目标，不是一人一个月拿两千块钱，它是永远前进的实际生活。我们要研究发展具体的生活，要发展经济，同时政治、文化也要跟上。社会的发展规律最简单就是这三样东西：经济从农业化、工业化到信息化，政治是神权政治到君权政治再到民权政治，文化从神学思想到玄学思想再到科学思想。

问：那您认为中国现阶段在经济、政治、文化这三个方面各占什么位置？

周有光：经济上，中国的农业化高度发展，但是工业化阶段落后于西方。今天我们的工业化有所起步，靠的是邓小平改革开放，改革开放在经济方面就是接受"外包"，outsourcing，讲穿了就是用我们的廉价劳动力为人家服务。这不是什么光荣的事，可是你不走这条道路就发展不起来，印度也是用这种方式发展起来的，我们成了"世界工厂"，他们是"世界办公室"。

我们为参加世贸组织，谈判了15年，俄罗斯到今天谈判还不成功[①]，它批判中国说参加世贸组织还不是受人家的剥削吗？是剥削，但

[①] 2012年8月，俄罗斯正式成为世贸组织第156个成员。——编者

是这跟以前的剥削不一样。以前你什么都没有，所有好处都是我的，现在是你也吃到一点，虽然我吃得多你吃得少，但是你愿意受我剥削。"外包"就是让双方都有差价可取，实现双赢。

台湾的宋楚瑜来大陆，在北大讲到"均富"，他讲错了。这是"共富"，不是"均富"。"均富"是一种平均主义，大家要平分，这是永远不可能的。"共富"是邓小平说的一部分人先富起来，先富带动后富。经济学不是道德学，讲道德是另外一回事。历史是不讲道德的，我们都是野兽变来的，都是人吃人的啊。

问：可是现在先富并没有带动后富，反而是贫富分化更严重了。

周有光：现在存在两大问题：贫富并不均等，贪污腐败严重。这是资本的原始积累。日本在明治维新时期经济发展了，四大家族把国家资产廉价买来，造成垄断，这是贪污；印度尼西亚，苏哈托发动政变把苏加诺时代打掉了，经济有所发展，可是发生裙带资本主义，这也是贪污……近水楼台先得月。这个都是野蛮的原始积累，很难避免的。假如搞得好，可以相对好一点。

现在大家讲中国崛起，我觉得还没有，只是初步的工业化。"外包"的成分里劳动力含量越多，外包水平越低，我们还在最低的一个层次。所以我们现在在改，外包的技术要提高，争取占多一点份额，解决一部分失业问题。今天大学毕业生找不到工作，因为经济没有发展起来。这两天报纸都在讲许多工厂招不到工人，因为工资太低，农民都不愿意来。这是一个好现象，这就要提高工资水平，低工资的生产就包到外面去了。

超越罗斯福的"四大自由"

问：您认为中国还没有进入信息化时代吗？

周有光：信息化在中国也已经开始，但是今天碰到大问题了。Google 现在要退出中国，为什么一个私营公司要退出美国总统会出来讲话？这说明它不单单是一个公司的问题，也不单是科技的问题。罗斯福曾提出"四大自由"①，现在是五大自由，第五个就是网络自由，网络不应该被控制。

问：那政治方面的发展呢？

周有光：政治方面，今天不同国家水平不一致。有神权国家，比如伊朗，有君权国家，就是专制国家，有民权国家，像欧美。神权到民权相差一万年历史呢。最近有人说现在的世界不是越来越太平，是越来越危险，但是怎么解决这个危险谁都不知道，因为历史没办法预言。

我在日本第一次见到没有工人的工厂，很大一个车间只有三个工程师，玻璃墙后面都是自动化作业。后来我又在美国看到没有农民的农场，在夏威夷，一个农场只看到五个人，都是机械运作。这是马克思不能预料到的。再比如，股票制度也改变了资本主义。美国工厂里的股票一半都是工人买的，工人做了老板，自己又被剥削又是剥削人的，事情就复杂了。

俄罗斯的学者已经有这样的研究，认为马克思没有看到真正的资本主义。资本主义分为三个阶段，"一战"以前（—1914）是初级阶段，"一战"到"二战"（1914—1945）是中级阶段，"二战"之后（1945—）是高级阶段，马克思去世太早②，只看到初级阶段的前半部分。

---

① 1941 年，美国总统富兰克林·罗斯福在美国国会大厦发表演说时提出了"言论自由、信仰自由、免于贫困及免于恐惧的自由"。——编者

② 马克思逝世于 1883 年。——编者

30 年与 150 年

问：按照您总结的社会发展规律，民主社会是未来必然的发展方向？

周有光：我觉得民主是必须走的道路，不可能避免的，就像一个小孩子要长大，老了要死，一样的道理。民主不是某些国家的新发明或专利品，它是三千年间人类的经验积累。

问：不丹的民主实践似乎证明未必需要民众素质的普遍提高？

周有光：不丹 2007 年竞选成立新的国会，留学归来的国王主动推行限制自己权力的民主改革。有人问不丹国王，百姓没有要求民主，你为什么要搞民主？他说："我可以努力做个爱民的国王，但我无法保证不丹代代都有好国王。为了不丹人民长远的幸福，必须推行民主。"不丹国家小，国王有威信，讲了话百姓信任。但是大的国家情况复杂，势力太多，你不做国王我做国王，改革搞不成功。

社会科学也是一种科学

问：文化方面呢，中国是否从玄学进入了科学阶段？

周有光：神学的特点是依靠"天命"，玄学重视"推理"，科学重视"实证"。举个例子，神学阶段说太阳不会动；后来看到太阳东升西落，得出结论太阳围绕地球转动，这是玄学，没有实证，但在当时是大大的进步；科学阶段就真正提出了地球围绕太阳转。

文化方面我们的问题很大。中国是了不起的文明古国，但在现代化进程中落后了。西方在文艺复兴之前落后，但借助文艺复兴起来，在科学、民主这两件大事情上跑到了前面。

现在连社会主义国家也承认资本家有三种功能：创业、管理和发明创造。创业最难，美国工业发达，依靠不断培养优秀的创业者。管理是重要的生产力，今天已经成为公认的常识，发展成为许多门学科。苏联把资本家都杀光了，没有人管理，所以经济失败。

我有朋友在中央党校做教授，他把中央党校的教科书拿来给我看，我一看哈哈大笑。封面写着马克思主义经济学，里面讲的很多是凯恩斯的理论。这个应当说是进步，社会科学引进了资本主义经济学，可我们还不能这么讲。

社会学，这是阶级性最强的，我们不学。人类社会不可能没有阶级，阶级之间既有矛盾又有合作，并非只能你死我活。苏联长期不知道有这门学问，我们更是在"文革"之后才重建这个学科，比苏联晚二十多年。

政治学，现在变成许多门管理学。按照新的政治学理论，全世界的官僚只要百分之一就够了，电脑可以代替许多官僚。中国有七千万的官僚，可按照这个研究，七百万都太多了。

现在中国教育有两个大问题。第一，大学没有学术自由，都是做官的人管理，荒谬到大学里搞行政工作的处长相当于教授；第二，存在大量的无效劳动。中小学生每天搞到很晚，累得要命，但时间都浪费了。比如来一个大人物，学生就要出去列队欢迎，这怎么可以？

"河东河西"论与"双文化"论

问： 您认为我们现在向西方文化学习得还远远不够？

周有光： 文化一定是多种文化的混合。单元文化发展到一定阶段之后就不能继续发展了，要有外面的文化来嫁接。中国的文化在春秋时期就了不起了，但是后来开始衰落。汉代有印度佛教传进来，经过了几百年演变，到唐代与儒学为中心的华夏文化混合起来，这是华夏文化的第二个时期。许多好东西都是印度文化带过来的，比如中医、雕塑、建筑、歌舞等等。到了清朝又有西洋文化的嫁接，这是第三个时期。我们今天是学习西洋文化，因为它的文化比我们高，不单是因为他们生活水平高。

改革开放之后季羡林提出"三十年河西，三十年河东"，说世界文化的接力棒要传到中国来了，许多人很高兴。我不参加这些讨论。85岁以后人家要我写点文化的东西，我就提出"双文化"论。

首先文化不是东方、西方这么分的，谈文化要拿历史作根据。古代有好多个文化摇篮，后来逐步融合成四个地区传统文化：东亚文化、南亚文化、西亚文化和西欧文化。西欧文化传到北美称西方文化。这四种传统文化在全球化时期相互流通，大致从18世纪开始，不知不觉发展为不分地区的国际现代文化，由世界各国"共创、共有、共享"。比如说电灯，今天不能说它是美国文化了，而是世界文化。从西欧传到北美的西方文化，发展民主较早，开创科技较快，是国际现代文化的主流，被称为"西化"。但其他传统文化对国际现代文化都有重大贡献，不能低估。

另外，文化流动也不是忽东忽西轮流坐庄，而是高处流向低处，落后追赶先进。"河西河东"论是由"自卑综错"变为"自尊综错"，没有任何事实根据，只是"夜行高呼"的懦夫壮胆。

现在每个国家都生活在传统文化和国际现代文化的"双文化"时代，这是今天文化的主流。

"国学"是一种错误的说法

问：您如何看待今天国内纷纷建立国学院以及百家讲坛讲国学引发的热潮？

周有光：首先"国学"两个字是不通的。世界上没有一个"国学"，学问都是世界性的，是不分国家的。不过要研究古代的东西我是赞成的。要注意的一点是，复兴华夏文化，重要的不是文化复古，而是文化更新；不是以传统替代现代文化，而是以传统辅助现代文化。具体怎么做呢，多数人认为应当符合三点要求：提高水平，整理和研究要用科学方法；适应现代，不作玄虚空谈，重视实用创造；扩大传播，用现代语文解释和翻译古代著作。

许多人批评于丹，说她讲得不好，但我认为于丹做了好事情。她为什么轰动？是群众需要知道中国古代的哲学，需要知道我们文化的传统。他们有自动的要求，文化寻根与小儿女寻找亲生母亲一样自然，失去"母亲文化"很久了，自发的理性追求当然特别强烈。于丹碰上这个时期，一下子成了红人。她请出孔子跟群众见面，让文化饥民喝到一杯文化甜粥。

问：现在有学者借传统文化复兴的热潮，呼吁恢复繁体字，您怎么看？

周有光：恢复不了的。他们问我这个，我说你去问小学教师，最好由教育部做一个广泛的调查，小学教师赞成什么就是什么。小学教师肯定大多数都赞成简化字。20世纪50年代要进行文字改革，因为当时中国的文盲是85%。怎么现代化呢？要广大群众来学，一个字两个写法是推广不了的，必须要统一标准。另外从整个文字的趋势来看，所有文字都是删繁就简，越来越简化，从历史来看、理论来看都是这样。

我倒认为现在简化得还不够，但是目前要先稳定下来。我有一次问联合国工作人员语言学会的工作人员，联合国六种工作语言，哪一种用得多？对方说这个统计结果是不保密的，但是不宣传，因为有些人会不高兴。联合国的原始文件里80%用英文，15%用法文，4%用西班牙文，剩下的1%里面有俄文、阿拉伯文、中文。1%都不到，怎么跟英文竞争呢？人家今天学中文是好玩儿嘛，等于学唱歌跳舞一样，要学到能用的程度还不行。所以还要简化，想办法让世界能接受，才能真正发挥作用。我想21世纪后期可能对汉字还要进行一次简化。

要从世界看国家

问：您看待事物的角度都是从世界的角度看国家，而不是国家本位的。

周有光：全球化时代到来，需要与过去不同的世界观。过去从国家看世界，现在要从世界看国家。这个视角一转换，一切事物都要重新认识。

比如以前所有书上都说"二战"是希特勒发动的，这不对，实际是德国与苏联密约瓜分波兰，从而发动战争。这种大的事情历史都没有说清楚。最近波兰和爱沙尼亚把苏军烈士纪念碑从市中心迁移到苏军墓地，俄罗斯提出抗议，认为这是无视苏军解放当地的功勋。当地人民认为，苏军侵略本国，不应当再崇拜下去了。苏联究竟是解放者还是侵略者呢？

我们也需要重新认识历史。20 世纪 80 年代我参与翻译《不列颠百科全书》，遇到朝鲜战争时就不好办了，我们说是美国人发动的，美国人说是朝鲜发动的。后来第 1 版就没写这个条目，1999 年出第 2 版时我们的尺度放松了，同意是朝鲜发动的。

我受的教育也是美式的，我念的大学就是美国人办的，后来也在美国生活。你假如骂我迷信美国我也承认，问题是我不迷信美国，我能迷信苏联吗？不行。它许多重要的东西跟我的理解不一致的。

大炼钢铁的时候我坐火车从北京到上海，夜里发现车两边都像白天一样火光通明。那时候因为这个把长江两岸的树都搞光了。从前能保护森林有两个道理，第一树有神，不能随便砍；第二树是地主的，砍了要给钱。大炼钢铁时期树可以随便砍，很快长江两岸的树都砍光了，长江黄河化到现在也没有解决。你要把它砍掉很容易，要它长出来，一百年也不行。

问：您在美国的时候已经是中上等生活水平，但回来之后经历那么多运动、波折，内心有没有后悔过？

周有光：没有。那时的确觉得中国有希望，为什么我们反对国民党，支持共产党呢？因为共产党主张民主。抗战时期我在重庆，国民党成立全国政治协商委员会，许多党派都在里面，周恩来是协商委员会的副主任之一，每个月要开一到两次座谈会，十几个人小规模讨论国家大事。他的秘书是我的朋友，也是搞经济学的，我每次都参加这个座谈会。周恩来每次讲都说我们共产党就是主张民主的，我们都很相信，讨厌蒋介石的专制。现在的人不了解当时的情况。

在美国的确生活可以好一点，可是一个有思想的人，不是把财产看作第一位的。一个人要为人类有创造这是最重要的，我觉得这就是人生的意义。创造不论大小都没有关系，比如说我开创了现代汉字学就是创造，我设计的汉语拼音也是对人类有好处的。现在没有人骂了，以前曾经有一个杂志出一个专号骂我，说我搞汉语拼音就是洋奴。

问：您怎么评价自己的一生？

周有光：我的一生是很普通的，没有什么评价。我是一个平凡的人，我只是出乎意料地活到105岁。能不能活到106岁，我自己也不知道，这是上帝的旨意，我不管。我的生死观是这样的：生是具体的，死只是一个概念。死不能说今天死明天还要死，死是一秒钟的事情。没有死，只有生。另外我主张安乐死。我有时候睡得糊里糊涂，醒过来上午下午都搞不清楚，我说这个时候如果死掉了不是很愉快吗？

中国落后惊人，没有经济奇迹

马国川

全球化时代要"重估一切价值"。"我一生逃过很多劫难，人家说我的命大。我说不是命大，是上帝太忙，把我忘掉了。"周有光微笑着对记者说，幽默的话语中透露出一个世纪老人的从容淡定。这位出生于1906年的老人，几乎见证了晚清以来的整个中国近现代史。这个走向现代化的国家历经磨难，周有光的命运也随着时代大波起伏跌宕。"我所处的时代是动荡时代。我们家是一个大家庭，太平天国军攻破了常州城，曾祖父投河而死，我们家第一次被扫地出门。抗战时我们家居苏州，日本人来了，我们第二次被扫地出门。'文革'中，我下放宁夏两年四个月，回来后发现造反派住在我家，家里连一个纸片都没有，这是第三次被扫地出门。"回顾一生的苦难，老人没有丝毫怨尤，"这也很好，没有财产，就没有包袱，很轻松。"

他被称为"汉语拼音之父"，他主持编制国际通用的《汉语拼音方案》泽被亿万人，可是，他迄今仍然居住在北京朝阳门内一片灰色的老式楼群之中。不足10平方米的书房里，没有任何装饰，书桌就像一张陈旧的单人学生课桌。老人就笑眯眯地坐在临近北窗的书桌前，慢慢地说着略带吴侬软语的普通话，不时发出开心的笑声。在这个浮华的时代，他就像安居陋巷的颜渊一样"不改其乐"。

105岁的老人思路依然清晰，逻辑严谨。在长达近3个小时的采访中，他畅所欲言，无挂无碍。有时，他还会提醒记者："我的话是靠不住的，你要批判引用……我讲话可能太直率，你发表的时候，要稍微考虑一下。"

要改的是国情，不是民主

马国川： 近年来，您提出社会发展的三大规律：经济，从农业化到工业化再到信息化；政治上，从神权到君权再到民权；文化，从神学到玄学再到科学。在您看来，现阶段的中国在经济、文化和政治上，分别处于什么阶段呢？

周有光： 在经济方面，中国已经进入工业化，同时进入信息化，但是水平非常低。中国的工业化是廉价劳动和外包经济，这是低水平的工业化。至于信息化，我们的信息化水平也是很低的。罗斯福讲"四大自由"，现在我们要提第五大自由，就是网络自由。全球化时代是透明化的，苏联经不起透明，一透明就垮掉了，我们难道害怕透明吗？

中国思想界如今的状况很糟糕，仍然是神学思维、玄学思维，不是科学思维。最近发生的"张悟本事件"[1]就说明，中国的群众还在神学思维阶段，不会思考。拿医学来说，什么西医、中医，科学没有中西之分，科学有一元性。如果承认社会科学是科学，就不能分什么阶级性，也不能分中外东西。如果走不出神学玄学，实现现代化就是一句空话。

---

[1] 张悟本，自称中国养生食疗专家，著有畅销书《把吃出来的病吃回去》，经电视节目宣传后，其知名度也迅速提高。2010年5月有媒体报道其有学历造假的嫌疑，书中宣扬的"绿豆治百病大法"引发市场绿豆涨价，其食疗理念也遭到专家质疑。2010年5月28日卫生部首次公开否认张悟本的"卫生部首批高级营养专家"身份，其诊所悟本堂停止营业。——编者

马国川：有些人认为中国人不适合搞民主，另外一些人则公开对民主的价值提出了质疑，您怎么评价这些观点？

周有光：有一位清华大学的教授讲，民主不适合中国的国情。其实，要改的是国情，不是民主。民主是自然趋势，会慢慢走的。

马国川：随着中国经济实力的增长，这两年不断有人鼓吹"中国模式"，认为中国为世界提供了一个榜样。您怎么来评价所谓的"中国模式"呢？

周有光：据我看到的资料，关于"中国模式"国内外有两种讲法。第一种讲法，是社会主义国家发展经济的中国模式，就是放弃计划经济，实行市场经济。越南模仿这种模式，也很成功。第二种讲法，认为美国的民主模式不行了，中国的模式起来了，未来中国模式将代替美国模式。

中国改革不是一步一步走的，是半步半步走的，走了半步，大家已经很满意了。外国人研究中国的社会，认为中国已经发展到日本的明治维新时代，在政治权力高度集中的制度之下发展经济。

马国川：政治权力高度集中的制度之下也是能够发展经济的。

周有光：可以发展经济。归纳起来，有几种社会转型的现象是相似的。第一种是日本的明治维新，四大财阀垄断了日本的资源；第二种是苏联瓦解以后的俄罗斯，今天俄罗斯的大资本家都是苏联原来的官员；第三种是中国，叫作"翻牌公司"，"公营"一翻牌就变成"私营"了；第四种是印尼，苏哈托上台以后经济发展了，搞的是"裙带资本主义"。国外研究认为，这四种转型是同一个模型，都是原始积累。原始积累很难逃过。

最近新加坡的李光耀发表了一篇很长的谈话，他说，中国发展得很快，但是要追上美国，至少要 30 年，而且这 30 年美国不是站着不动的。中国是在发展，但是太乐观不行。我觉得李光耀讲得对。国际现代文化是没有一个国家能够拒绝的。

弘扬文化在于"更新"，而非"复古"

马国川：随着中国国际地位的提升，有些人对西方文化表示不屑，主张弘扬中华文化。在您看来，我们应该怎样对待西方文化？

周有光："文化大革命"结束以后人们发现，"文化大革命"就是"大革文化命"，中国既不要西方文化，也不要苏联文化，也不要中国的传统文化，变成了一片没有文化的荒原。改革开放以后，许多人就呼吁重视中国的传统文化，弘扬华夏文化。这是一个好事情，可是怎么样弘扬呢？问题很复杂。因为弘扬有两条道路，一个是复古，一个是创新。我反对复古，我提倡创新。

马国川：20世纪90年代有人提出"三十年河西，三十年河东"，认为文化的接力棒要传到中国来了，世界的文化高峰要从西方转移到东方来。

周有光：把人类文化分为东方和西方的"东西两分法"虽然流传很广，可是不符合客观事实。根据历史事实，有四种传统文化，亚洲有三种，东亚是中国文化，南亚是印度文化，西亚是伊斯兰文化。第四种是西欧文化，西欧文化传到美洲成为西方文化，西欧文化加上北美文化，代表是美国文化。东亚文化、南亚文化和西亚文化合称东方文化。东亚文化是东方文化的一个部分，不能代表全部东方文化。

有人提出，不是四种是五种，还有一种俄罗斯（斯拉夫）文化，我不同意这个看法，为什么呢？我仔细做过对比，斯拉夫文化从数量来说是贫乏，从质量来看是落后，从历史来看是晚期。我还是坚持四种传统文化的看法。到了全球化时代，情况改变了，四种传统文化相互流通，相互学习，相互吸收，产生了没有地区差别的世界性文化。

马国川：世界性文化不再以地理方位划分。

周有光：世界性文化就是"国际现代文化"。比如说马路上的汽车，你不能说汽车是西洋文化，这是国际现代文化。每个国家都自觉地或不自觉地生活在地区传统文化和国际现代文化之中，所以说，现代是"双文化"时代。

国际现代文化是世界各国"共创、共有、共享"的公共文化，正在突飞猛进，覆盖全球。国际现代文化是没有一个国家能够拒绝的。我认为，任何国家，一方面要传承传统文化，一方面又要接受国际文化，国际文化是主流，传统文化不会消灭，传统文化都在改进。

马国川：和传统文化有关，近些年有一种思潮提倡"国学"，炒作"国学"。就像20世纪30年代10个大学教授发表《中国本位的文化建设宣言》那样，他们强调中国的"本位文化"。

周有光："国学"二字不通，没有一门学问叫"国学"，国民党时代已经有人写文章分析"国学"两字的不合理，到现在还用"国学"，这是没有进步的表现。弘扬华夏文化是可以的，最重要的是更新，不能够复古。华夏文化是一种传统文化，不能丢开国际现代文化来搞传统文化。传统文化是补充国际现代文化的，不是代替国际现代文化的，这一点要搞清楚。

全球化时代要"重估一切价值"

马国川：全球化时代应该有什么样的历史观和世界观？

周有光：新中国成立前写文章很少人提世界观，新中国成立后，根据苏联习惯，许多文章都谈世界观。什么叫世界观呢？其实世界观包括两部分，一部分是自然世界观，讲自然界的进化；另一部分是社会世界观，讲人类社会怎么发展，也可以说是人类社会的进化论。

历史观和世界观是一回事，我认为世界观包括历史观，历史观就是社会世界观的一个构成部分。国外有一个潮流，叫作"全球化历史观"，就是全球化时代的历史观和世界观。特别是东欧国家，组织起来重写第二次世界大战，认为其中最重要一个问题就是"第二次世界大战是谁发动的"？

马国川：流行的说法是希特勒德国发动的。

周有光：我看到有篇文章说，不是一个国家发动的，是德国和苏联联合起来瓜分波兰，才引发了第二次世界大战！在第二次世界大战中，苏联第一个阶段是和德国联合起来侵略波兰和欧洲，第二个阶段，因为德国攻打苏联才有卫国战争，把两个阶段混合起来讲是历史错误。

马国川：看来，全球化时代历史观在发生巨变。

周有光：俄罗斯独立以后，所有的学校历史课都停了。可是，一个国家没有历史课也不行啊，怎么办呢？就把一个法国人写的俄罗斯历史翻译成俄文，暂时替代。俄罗斯的教育部长很有趣，他说我们俄罗斯的历史都是进口的。

我们自己也有一些改变啊，比如朝鲜战争，以前总说是美国挑起来的，现在承认是朝鲜先打起来的。可是改变还不够多。我一个孙女在英国读了两年书，又到美国读了两年书，回来后我问她，在外国几年，你有什么感想？她说在英国美国读书都很顺利，可是有一件事使她很难受：外国学生经常有小组讨论，讨论的问题讲到中国，外国人都知道，就是中国人不知道。

马国川："五四"时思想界提出要"重估一切价值"。看来，在全球化时代，也需要"重估一切价值"。

周有光：全球化时代的世界观要改变，过去我们从国家看世界，现在从世界看国家，所以一切事物都要重新认识。看国家，看民族，看文化，看经济社会的发展，都需要全球化的视角。

马国川：这些年出现了新情况，有些人觉得中国能够走出一条新路来，好像我们发展经济的方式还挺管用，我们不是创造"中国奇迹"了吗？

周有光：中国搞"社会主义市场经济"，外国朋友开玩笑说，你们不是参加 WTO 了嘛，有几个 WTO？改革开放以后，新加坡大学邀请我去参加国际学术会议。新加坡大学规模不大，各方面非常好。空闲下来，我和一位英国教授到公园散步聊天，我问他，许多人说新加坡是一个奇迹，你是什么看法？英国教授告诉我，世界上没有奇迹，只有常规。什么叫常规呢？按照国际先进的先例来做，但是有一个前提条件，这个国家要是民主的，要是开放的，有这个条件就可以得到国际帮助。新加坡本来是马来西亚的一部分，后来被赶了出来，李光耀大哭，我们又小又穷，又没有人才，又没有资源，怎么建立国家呢？后来召集国际会议，说建设一个新国家很简单，没有就请求帮助。新加坡走民主道路，搞开放，很短时间就"起飞"了，成为"亚洲四小龙"之一。前些年大家都说"大国崛起"，我写了一篇文章叫《小国崛起》，新加坡就是典型。

从经济学上讲，不存在"中国奇迹"。没有奇迹，只有常规。常规就是走全世界共同的发展道路。

感谢张森根先生为本次采访提供的帮助。

（原刊于《南风窗》2010 年 7 月 9 日）

网络语言不是洪水猛兽

谢绮珊

我不随便写文章恭维人家

记者： 您在今年出版的《朝闻道集》一书中谈到"讲真话"的问题，是否因为年事已高，使您更无畏于讲真话？

周有光： 我向来不刻意说要讲真话，因为我从不讲假话。讲真话对我来说，不是一个问题。我不会说自己不相信的话，自己相信的话当然是真话。我向来这样，不会因为某种原因做自己不愿意做的事情，说不愿意说的话，比如我不会随便写文章恭维人家。

"语文现代化"的四大任务

记者： 作为语言文字学家，您如何看待我国文字改革（语文现代化）的进程？当前的任务是什么？

周有光： "语文现代化"（过去又称为文字改革）有四件大事情：

第一，全国普及普通话。现在这个目标差不多快要成功了，还必须继续努力巩固和提高。

第二，文言改为白话。从清朝末年开始提倡，"五四"时期形成高潮，至新中国成立已经完成。

第三，要整理汉字。因为汉字太乱，该工作要长期做下去。最近教育部就《通用规范汉字表》向公众征求意见，很多人反对，我觉得这个方案有些缺点，相信他们会重新研究。

第四，给汉字标音。1918年，北洋政府公布了注音字母，但注音字母不方便，所以1958年我们又重新设计汉语拼音方案。

总的来讲，语文的现代化是长期的工作。汉语拼音推广得很快，特别是大家发手机短信，根据调查，97%的人用拼音输入。

怎么看待网络语言

记者：对当前网络语言的泛化您怎么看？

周有光：有了网络以后，外国首先有网络语言，现在同样存在于中国。网络语言的出现是一种自然现象，并不妨碍我们规规矩矩地写文章。至于这些网络语言好不好，我想现在还不必去评论它。许多人为此发愁，我认为没必要发愁。因为一个东西创造出来，会玩的人自然会创造好玩的方法。我认为一个凭空创造的事情开头都是不成熟的，假如长期不成熟，必然会被淘汰；假如是好的，将来会被大家接受。

知识分子没有被收买

马国川

"知识分子"是没有定义的

马国川：对"知识分子"这个名词有许多定义，您如何定义"知识分子"呢？在您看来，一个真正的知识分子应该具备什么样的品格？

周有光：实际上，"知识分子"是没有定义的，因为知识没有定义。以前人们认为，只有人才有知识，动物没有知识。现在发现，这个说法不准确。因为现代科学研究证明，动物也有知识，黑猩猩的知识就很高。所以，"知识分子"这个名称根本没有定义，也很难给"知识分子"下一个定义。更不知道什么叫真的知识分子，什么叫假的知识分子。

马国川："知识分子"这个概念来自西方。欧洲有关知识分子的概念有两个，现行较常用的英文来说，一个是 intelligentsia，另一个是 intellectual。intelligentsia 来自俄国，1860 年由作家波波里金提出，专指19 世纪 30—40 年代把德国哲学引进俄国的一小拨人物。Intellectual 来自法国，起源于 1898 年的德雷弗斯（Dreyfus）案件。左拉在 1898 年 1

月13日以"我控诉!"为题给总统写了一封公开信,呼吁重审德雷弗斯被诬案。第二天,这封公开信在《曙光》报上刊出,主编克雷蒙梭用"知识分子宣言"(Manifeste des intellectuels)几个字来形容它。后来,法文中的 intellectuels 专指一群在科学或学术上杰出的作家、教授及艺术家,他们批判政治,成为当时社会意识的中心。

周有光:法国的定义,我们不一定承认,英国也不承认,美国更不承认。

法国纯粹是瞎闹。法国的两次世界大战都打败了,都是美国帮忙把它救出来的,可是它一被救出来就反美。戴高乐主义就是典型嘛。为什么呢?法国自认为是欧洲老大哥,可是眼看着自己在欧洲和世界上的地位在降低,心里就不平衡了,想出气,可是没办法跟美国竞争。于是就宣扬法语好,可是法语一路失败啊。法国有三个"法语委员会",其中最高级的是总统直接挂帅的"法语总统委员会"。

我跟你讲个笑话。中国改革开放了,那时我在"文革会"(中国文字改革委员会)工作,"法语总统委员会"来了一个人,我接待了他。他说,你们以前向苏联一边倒,把俄文作为第一外国语,今后你们能不能把法语作为第一外国语?如果你们这样做,我们法国就将给你们很多钱来支持你们。我说,我们学外语没有什么第一、第二的区别,随便人家学,没有办法给你一个肯定答复。他又说,我就要到南京去访问南京大学。南京大学有英文系而没有法语系,希望南京大学成立一个法语系,我们给钱。我说,这可以。碰巧南京大学有一个法语教授是我的朋友,我就写了一封介绍信到南京大学。最后成功了,法国资助南京大学成立了一个法语系,他给钱。

法语是很好的语言,可是学了用处不大,所以现在许多学生不愿意第一外语学习法语。其实,我的第一外国语就是法语。进入圣约翰大学的学生英语已经很好了,英语不算外国语了,学生需要选择一门外语,我就选择了法语,老师是法国老太太。后来我在美国工作期间,看到报上说出了一本法文新书,我就去书店去买,可是书店说,书还没有来。可是英文版的先来了,于是我就买了一本英文版的。买了英文版的之后,法文版的当然就用不着买了。

你看,的确是英语把法语盖掉了,法语是搞不过人家,经济更搞不过美国。难怪法国人一肚子的气,只有用法语跟美国英语对抗。可它很倒霉,原印度支那国家原来都是法语,可是这些国家独立以后,都开始学英语了,现在东南亚都是用英语而不用法语。法国把阿尔及利亚看成是自己的一个省,可是阿尔及利亚独立以后,宣布英语是第一外国语①。现在,非洲的法语国家一半都在学习英语。到今天,法语还在斗,可是一路失败。什么道理?因为世界需要一种共同语,不需要两种,这是一个规律。比如,中国有两种普通话行不行?不行的。所以法国人现在是没有办法。

知识分子本来不算问题的

马国川:您是1906年出生的,经历了"五四运动"。"五四运动"对知识分子影响很大,对您个人有什么影响?

周有光:不是"五四运动"影响知识分子,相反,是知识分子影响"五四运动",知识分子创造了"五四运动"。

"五四"不仅仅是一场北京的学生运动,广大群众都受到影响。我是经过"五四运动"的人,不过我那时候年纪小,在常州,老师带了学生出去宣传爱国主义,每个人拿个竹条子,一个纸条做旗帜,上面写着四个字"同仇敌忾"。我去茶馆里演讲,人小个子矮,茶馆的客人看不见我。有个客人就把我举起来,放在桌子上演讲,讲的话主要是老师编的。在小地方也能感受到"五四运动"。我已经感觉到许多地方都在

---

① 1962年7月,阿尔及利亚独立,官方语言为阿拉伯语,通用法语。1996年,阿尔及利亚开始用英语取代法语作为外语教学中的第一外语。——编者

闹，思想在波动。那时已经是新知识的海洋了，虽然这个海洋里面的水很浅。

马国川：20世纪30—40年代中国知识分子向左转的原因是什么？其中有哪些历史教训值得总结？

周有光：抗日战争的时候，知识分子向左转，我是当中一个。为什么？抗日战争时，国民党成立了一个"政治协商委员会"，就是今天政协的前身，共产党是委员会的成员之一。每次召开座谈会参加的人不多，只有十几个人，共产党代表周恩来都亲自参加。周恩来的秘书许涤新是搞经济学的，我们原来就是朋友，所以我也经常参加。周恩来每次开会的时候都说，我们共产党是主张民主的，反对国民党专制。为什么我们倾向共产党？因为大家反对国民党的专制，赞成共产党的民主。为什么那时的知识分子向左转？很简单，就是知识分子都是倾向民主，反对专制。今天还是这样。

国民党呢，不会宣传工作，国民党的宣传工作笨得很。国民党是跟着美国、英国走。中国那时候是两条道路，一条就是亲苏，一条就是亲美。国民党取消厘金，收回租界，做了很多好事情。当时知识分子向左转，也不完全是因为受到了宣传的影响，国民党确实是专制，它的专制和后来的专制不一样，国民党开始是部分专制，后来是彻底专制。彻底专制是强迫的，不是愿意不愿意的事情，必须接受，不接受你就死定了。你不接受，连城里都不许待啊。

至于历史教训，不是知识分子有思想问题。历史教训就是共产党胜利了，国民党失败了，也就是亲苏胜利了，亲美失败了。

马国川："知识分子"这个概念来自西方，中国历史上没有"知识分子"这个词汇。19世纪末至20世纪初，由于受西学影响，朦胧地把知识分子与知识阶层区别开来，如称知识分子为"学界分子"，称知识阶层为"知识界"等。据考证，直至1921年中国共产党成立，在党章上才正式用"知识分子"和"知识阶层"两词。1933年中国共产党在革命根据地的中央工农民主政府明确规定知识分子是一个社会阶层，属于"脑力劳动者"。

周有光：其实，知识分子本来不算问题的。资本主义国家就没有知识分子问题，因为它们要每一个人都要接受高等教育，到处都是知识分子。英国有知识分子问题吗？美国有知识分子问题吗？都没有。我在美国的时候，中产阶级已经占全国人口的80%，中产阶级都是知识分子，排除知识分子是不可能的事。可以说，美国是一个知识分子国家。比尔·盖茨靠什么起家的？当时他有钱吗？没有钱，是靠知识起家。美国是知识的资本主义，大家都是知识分子。

可是，共产主义国家都有知识分子问题，知识分子问题是共产主义搞出来的。苏联的一个重要政策就是消灭知识分子。因为苏联把知识分子看成了资产阶级的一部分，要消灭的。共产主义的阶级斗争是要消灭资产阶级阶级，知识分子属于资产阶级，所以也是要消灭的。

知识分子没有被收买

马国川：新中国成立后，为什么知识分子遭遇那么多磨难？作为一个从那个时代走过来的知识分子，您怎么评价那段历史？

周有光：为什么知识分子遇到磨难呢？因为当时否定知识分子，它要消灭知识分子。对那段历史，我没有什么评价。要消灭知识分子，还有什么评价？没有。

知识分子问题是从苏联共产主义继承下来的，一直到今天。要明白，现在俄罗斯否定了原来的意识形态，全面否定。叶利钦讲得很清楚，俄罗斯要跟旧的意识形态一刀两断。实践证明，苏联失败了。

马国川：近年来对20世纪80年代评价比较高，有人说是继"五四"之后的"第二次启蒙"。您怎么评价"80年代"？

周有光：80年代没什么了不起，我根本不觉得80年代有什么值得评价的东西。80年代没有什么新的花样，就是改革开放，改革开放当然比以前好。经过改革开放，经济变了，政治没有改变。外国评论认为，今天中国相当于明治维新时的日本。

马国川：近年来知识分子的整体形象不佳，有人甚至批评说现在的知识分子，尤其是大学和研究机构里的知识分子被权力和利益"收买了"。您是否认同这个说法？

周有光：没有这回事。知识分子没有被收买，我就没被收买嘛。什么叫被收买？被收买就是你的思想歪曲了，不会思考了。假如你还会思考，就没有被收买。没有被收买的问题。

马国川：但是现在确实有很多知识分子，心里想的和说的不是一回事。

周有光：权力不让说真话，只让说假话啊，不是什么收买。"反右"不就是让你讲假话吗？你不讲假话你死路一条了。现在许多文章都是讲"反右"的，这是社会进步。

20世纪80年代改革开放，引进了自然科学，引进了经济学，因为要发展经济，没有经济学不行。可是许多社会科学还不允许引进来，教育学就没有引进来啊。教育学是一般人文科学，引进来中国教育就改革了。现在开什么教育工作会，开来开去不能改，因为没有引进合理的教育理论。政治学和其他社会科学都没有改，将来会慢慢地改。

苏联连自然科学都不要，所以它垮掉了。

我非常钦佩胡适

马国川： 有学者认为，从康有为、梁启超开始，中国才有了现代意义上的知识分子。

周有光： 中国的知识分子应该从孔夫子开始算起，孔夫子算一个知识分子，康有为是小人物，孔夫子才算是大人物。

康有为是政治家不是学问家，他提倡"托古改制"，"托古改制"早就有了，不是他创造出来的。康有为通过改制在中国提倡改革，他是中国近代改革的第一代，虽然失败了，但是地位很高，是政治家。

马国川： 康有为是政治家，不是学问家。那么梁启超、陈独秀、鲁迅、王国维呢？

周有光： 梁启超有学问，他是有创造性的。陈独秀是革命家，也是政治家。他是开风气之先的，本身没有学术创造，而且他走错道路了，组织的政党是苏联的附庸。陈独秀晚年自己认错了。鲁迅是中国的高尔基，高尔基是苏联的"伟大作家"，后来被否定了。现在新闻报道说，教科书里面的鲁迅文章慢慢被抽掉了。王国维是真正有创造的知识分子。他的学术著作数量不多，但是质量非常高。真正能创造的人不一定知识很广博，知识广博和有创造是两回事情。王国维感觉不能适应现代，就自杀了，可是他的学问是好的。

学问有两种，一种是把现在的学问传授给别人，像许多大学教授做的就是贩卖学问；第二种是创造新的学问。现在国际上看重的是创造学问的人，不是贩卖学问的人。贩卖学问是好的，但是不够，国际上评论一个学者，要看他有没有创造。可能你的知识范围并不大，可是你有创造，就是高等的学问。

马国川： 真正称得上创造学问的知识分子就很少了。您对近年来受到学界高度评价的陈寅恪如何评价？

周有光：陈寅恪的知识非常广博，可惜没有什么大学问。陈寅恪属于贩卖知识商品的，没有什么学术著作。《柳如是传》是文学，不是学术，文学和学术是两码事。我告诉你，没有文字的国家也有文学，可是没有学术。学术是以科学为基础的。陈寅恪研究历史"以诗证史"。中国的诗词很发达，从诗词里面可以证明历史，这个方法是好的，可是"以诗证史"可以作为学术研究的一个次要手段，不能作为主要手段。

马国川：《柳如是传》里有许多考证，不是学问吗？

周有光：考证就是考古，从考古来说，陈寅恪的创造力是很少的，许多考古学家大大超过他了。陈寅恪不能和王国维比的。陈寅恪不向权力投降，那是对的，那是知识分子都应当有的人格。可是，有骨气不一定有学问。

马国川：冯友兰、金岳霖呢？

周有光：冯友兰是一个很有学问的人，研究中国哲学是很深入的。我不研究哲学，可是他的书我都看过，他的书水平很高。冯友兰后来被"四人帮"搞进"梁效"写作班子，是在压力之下被迫的，不能怪他。古代罗马法也讲，在压力之下做出的事情，被压迫之后做的坏事情，是没有责任的。从这个原理出发，应当原谅他。金岳霖这个人很好，没有参与"梁效"。他的外语也很好，他对外国哲学懂很多，有学问。

马国川：还有一位钱穆，近些年来他的著作在大陆很流行，您看过吗？

周有光：他后来到了台湾，他的书我很少看的。我并不是很了解。听说这个人不错。台湾、国外很看重他。

马国川：您对钱锺书有何评价？

周有光：钱锺书我是认识的，他的父亲钱基博先生是我的古文老师。钱锺书的毛病跟陈寅恪是一样的，知识非常广阔，创造不多，很可惜。

真正有创造的是王国维，是胡适。胡适是了不起的，他有创造。他的最大创造就是用西洋的科学方法来研究中国古代的著作。他不是写了半部书《中国哲学史》吗？这半部书比人家一部书还要重要。真是了不起的，这是创造性的。还有，他坚持民主，反对独裁。不是有篇文章说"错过胡适一百年"吗，几十年前胡适讲的话，在今天还是对的。

马国川：季羡林怎么样？近年来对他的评价很高啊。

周有光：我不好意思讲。他有学问，他的学问就是梵文。要研究佛教问题必须懂梵文。懂梵文，在外国是被看重的，到了中国没有用处。他回国后讲的都不是梵文，梵文之外他都不懂，一路讲错话，为什么呢？不懂的东西不能乱讲，否则就变成一个没有学问的人了。

我非常钦佩胡适。还有，我也钦佩王国维。

知识分子是不分国家的

马国川：在您看来，"知识分子"和中国古代的"士"（或者"士大夫"）有什么区别？

周有光：我想，中国古代的士大夫跟今天的知识分子是有关系的。当然时代不同了，情形是不一样的。中国古代"学而优则仕"，做官是读书的唯一出路。现在呢？出路很多，可以做生意，可以做记者，可以做律师。

马国川：知识分子与政治应该保持什么关系？

周有光：中国古代的知识分子一定要做官，学而优则仕，这是一条道路。现在不同了,道路很多,不一定走当官这条路了。知识分子当官不当官,不是好坏的分别,当官不一定坏,问题是要坚持真理,就是坚持民主,不能投降专制,就这么一点。

马国川：在您看来,中国知识分子与国外的知识分子差别是什么？

周有光：知识分子是世界性的,不能拿国家来划分的。知识分子不分国家,不能拿东方、西方来划分,也不能拿阶级来划分。科学是统一的,知识分子就是相信科学的人,所以知识分子是统一的。

我写过一篇文章谈科学的一元性,不仅是自然科学,社会科学也具有一元性。科学不分东西,不分南北,不分国家,不分阶级。知识分子就是研究科学、相信科学的人。知识分子是不分国家的,不能划分中国知识分子还是外国知识分子。比如我在中国做教授,和我在外国大学里上课,讲的应该是一样的。

马国川：具体到当代中国,知识分子最应该关注什么？应该具备什么样的精神？

周有光：很简单,应当向民主和科学道路推进,应该提倡中国继续走民主科学道路,就是胡适他们提倡的科学和民主。应该具备什么精神？没什么深奥的东西,很容易,知识分子应当具备相信科学、相信民主的精神,教人家别做坏事就是好人。

马国川：但是也很难,真正做到相信科学、相信民主不容易。

周有光：确实并不容易。我没有坚持,人家已经骂我了。

马国川：坚持相信科学、相信民主的知识分子很少。

周有光：有些人我们不知道,因为好多的知识分子不愿意自己宣传。

马国川：现在能够独立思考的知识分子也很少，敢说话的也很少。

周有光：我想，多数是好的，不是少数。好多人不讲话，我们就不知道了。许多人都是在体制里面不讲话，并不是不清楚，他们很聪明，不是傻瓜，只是不讲话。古代有句话叫"敢怒而不敢言"，这句话重要的不得了。

马国川：现在有些知识分子鼓吹"中国模式"，很热闹。

周有光：什么是"中国模式"？有两种"中国模式"，一种"中国模式"就是作为社会主义国家市场经济转型的模式。模式必须得模仿呢，没有人模仿就不是模式了。社会主义国家转型，现在模仿中国的有越南、老挝。中国作为社会主义转型国家还是成功的，虽然这个成功是片面的。还有一种"中国模式"，认为中国代替美国的模式。

一些知识分子跟着鼓吹"中国模式"之类的东西，他们鼓吹他们的，我们也不能让他们不鼓吹。

美国是很厉害的，公开在网络上面说"我相信希特勒"也不算犯罪。美国为什么不怕呢？美国什么都是要看选举，左翼的、右翼的相互抵消，所以是走中间道路的。许多人认为美国不可能有共产党。改革开放以后我到美国，碰上美国选举总统。我去看了，有五个总统候选人，当中一个是共产党，得票很少，很不成气候。这就算民主，民主之下会有各种各样的事情，不要害怕，因为干坏事的是少数。有人开玩笑说，世界上有的党尽是做坏事，害怕少数人做好事。

我等不及，我的子孙能等到

周有光：今天中国人读的许多古代历史都是假历史，假的太多了。当然，许多假历史也在改，慢慢改。苏联瓦解以后，俄罗斯做了一件大好事，就是档案公开，24小时开放。天天都有人去看。

马国川：但是中国很多的历史档案至今没有公开。

周有光：所以我提倡应当读两篇文章，一篇是《史记·秦始皇本纪》，一篇是《阿房宫赋》。这两篇文章应该印出来，送给那些参观西安的秦始皇兵马俑的人们读读，明白这不是什么光荣，是秦政权的罪恶。

马国川：直到今天，中国社会还是缺乏常识。

周有光：改革开放后，新加坡的大学邀请我去讲学。我跟一位英国教授在公园里散步，我问他，许多人都说新加坡搞得很好，是一个奇迹，你怎么看？他说，没有奇迹，只有常规。什么叫常规呢？就是国际成功的先例，第一是要走民主道路，第二是要开放。按照常规来办就会成功。他的话非常深刻。中国是1966年搞"文化大革命"，新加坡是1965年建国。中国"文化大革命"结束的时候，新加坡已经建设成为一个很好的国家了。

马国川：看来，您老并不悲观。

周有光：为什么要悲观呢？用世界眼光看，没有悲观的理由。假如是个别国家的眼光，可能是悲观。全球化很重要，全球化必须改变我们的眼光，我们要从世界上来看国家，不能从国家来看世界。从世界看，国家没有什么，历史总归是往前走的，不过有的走在前面，有的人走在后面。欧洲以后不可能再发生战争了，你知道为什么吗？

马国川：因为欧洲正在实现一体化。

周有光：一体化的基础是民主。如果在公路上开汽车，你的规则和我的规则不一样，在一条道路上行驶，就撞车了。可是，欧洲国家都实行民主了，规则一样，就不会撞车了。

现在，民主思想是国际性的，世界各国都主张民主。世界的道理很简单,就是科学和民主,你说对不对?五四运动提出这个口号完全正确。坚持专制、反对自由的道路走不下去了,迟早要改,不改的话真的要天下大乱。

教育要给孩子留有空间

客：您主张"活到老，学到老，思考到老"，请问您所受的学校教育和教过您的老师，对您形成这种不断思考的习惯是否有影响？

周有光：应该说和我所受的学校教育是有关系的。我那时的老师非常提倡兴趣，强调没有兴趣，什么东西都学不好。我先是在圣约翰大学学习，那是一所帝国主义办的教会学校，有比较好的教学条件，图书馆里书报杂志很多。老师非常鼓励我们去图书馆广泛阅览，培养兴趣。另外，老师还教我们怎样阅读。大一时，我们每天去图书馆看报，有一个英国老师跟我们讲每天应该怎么看报。他说读报是有方法的，读报时要问自己：今天新闻中哪条最重要？为什么这条新闻最重要？这条新闻的历史背景是什么？不知道就去查书。后来我们按照他的方法去看报，真的很有收获。以后我把这种方法用在读书、做研究上，这对我的影响是很大的。

客：现在不少孩子对学习没有兴趣，不喜欢上学。当初您对学习浓厚的兴趣、旺盛的求知欲是如何培养的？

周有光：那时老师非常强调培养学生兴趣，但兴趣是自然产生的，不是勉强的。现在的教育负担太重，孩子们没有一点自己的空间，兴趣也就没有生长的土壤。我上的中学、大学都是当时最好的学校，但我们的学习非常轻松，中学时9点钟才上课，上午只上正课，下午是游艺课。游艺课包括图画、音乐、写字等内容，不考试不计分数，很轻松。我们那时没有任何家庭辅导。因而我们学得很轻松，也很快乐。兴趣就是在这样一个没有太多压力，有很多空闲时间干自己喜欢的事情这样的过程中产生了。上学时，我就利用课余时间读了不少语言学方面的书籍。

我们那时有些管理制度还是可以借鉴的。我们从中学开始一定要住校学习，从礼拜一到礼拜六，学校绝对不允许学生出去，这可以使学生集中精力读书、学习，接受教师的教育。现在大部分学校没有这个条件，学生受外界影响就比较大。我们那时的大学是很有贵族味道的。当时我家很穷，考上南京高等师范学校和上海圣约翰大学，我姐姐在上海教书，有崇洋思想，希望我到圣约翰读书，但圣约翰的学费很贵。姐姐的同事知道后就把她家里当作财产储存的皮衣当掉，接济我读书。为了能顺利完成学业，我一边上学，一边给工部局（当时帝国主义在上海租界设立的行政机构）做翻译。放假就在上海打工。第三年，我在学校通过考试获得了一份工作，这样就应付了学校的费用。我觉得那时的教育方法有好的一面，学生有时间从事一些自己感兴趣的事情，有时间从事勤工俭学活动。现在的教育给家庭和孩子的负担太重了，孩子没有自己的时间。现在清华、北大都在慢慢地改，走出苏联教育模式的影响。这是一个好的开端。

客：从另外一个方面看，现在许多人认为，知识爆炸时代学得越多越好。

周有光：小学、中学不能学得太多，要给孩子们时间玩。一个人有空余时间才会去思考。我永远不会忘记我的中学语文老师吴山秀先生，他为开阔我们的视野，不断给我们灌输"五四"新文化运动的思想，经常请名人来校讲演。他是一个语文老师，那时的教材是文言，但他提倡白话文，介绍好的白话文章给我们看。

那时小学、中学有许多很优秀的老师，我的老师让我们平时觉得很轻松。我想一定要轻松才能学得好，紧张是学不好的；不是压力越大就学得越好，压力太大学习效果就不会好。孩子不管不行，但不能管得太多。我主张教育要提供宽松的环境，我们当时的老师强调兴趣，认为没有兴趣是学不好的。兴趣是自己产生的，不是外来的；是必然的，不是偶然的，一个人一定会有某种或某些兴趣。必然的兴趣同偶然的机会结合，就能成就事业。语文改革也是如此。

语文改革是语文自身发展的必然，不是人为的、简单的事件。20世纪50年代制定《汉语拼音方案》，只是一个偶然的机会，今天搞拼音方案就不一定能成功，因为目前存在一种复古思潮；在"文革"期间也不行，因为那样就会被批为洋奴。所以说，什么事情都是必然和偶然的结合。教育要给孩子留有空间，这样他们的兴趣必然会自由生长。

客：有人说，这些年来中小学生文字水平普遍下降。现在中小学又非常提倡古汉语、古诗词的教学，社会上有人还搞古诗词诵读工程。这种现象同语言现代化建设是否有矛盾？

周有光：我不认为读了文言文就能写好文章。《光明日报》记者问我如何看待有人提倡文言这件事？我说21世纪提倡文言是时代的错误，要先把白话学好，再学文言。白话文言二者语法是不一样的。你一会儿文言，一会儿白话，文言学不好，白话也学不好，反而把小孩子搞乱了。克林顿当年拿出15亿美元投资教育，让孩子8岁过阅读关，实际上美国的孩子6岁就能看很高水平的杂志，如果用古代语言就做不到。我认为，你可以学古代的语言，但要选修。古汉语不是基础教育的内容，是大学生学习的一种专业，非专业的人不用学很多的古汉语，接触一点就可以了，但白话文一定要学好。从教育的角度看，是先了解现代,再了解古代,而不是先了解古代,再了解现代。你白话学好了,古代的东西就可以自动学了。举个例子,我受邀去日本访问,才知道日本小学生就用铅笔,不用毛笔、钢笔,因为写字方便。书法是一种艺术,是少数人的事,不喜欢就不用学。写字是每一个人必须掌握的本领。日本教育注重实用书法,中学生也不用毛笔写,只有搞艺术、搞书法的人才用毛笔。

客: 日本的教育跟中国相似,但现代日本的教育支撑了比中国发达的科技,发明创造也多,问题出在哪里?

周有光: 在科学方面,美国重视基础科学,发明创作多,日本重赚钱快,发明很少。在教育上,我们要很好地学日本,日文跟中文相近,日本语文教育和我们相近,我们可以借鉴;我们在语文教育上耽误了许多时间。我们的语文跟美国差别大。当然,美国、日本好的东西我们都要学。

我还想谈谈宽松的教育环境的重要性。我的曾外孙6岁从美国回来,在看英文的福尔摩斯。他们不评什么"三好学生",认为评等级排队会使其他学生产生自卑心理;老师并不布置家庭作业,他们回家后没有作业。读书都是自觉的,不是强迫的。这种教育思想和教育方法与我们现在的很不一样。我在中学时,每学期也要考试排名,平时则没有,老师也不会处分成绩差的学生,不会看不起他们。处分学生不是一个好办法,那会压抑学生的思想和精神,影响完善人格的发展。在北大百年校庆时,美国哈佛大学校长说,我们培养学生,要使文科学生了解理科,理科学生欣赏文科;大学的目的不是培养专家,而是培养完整的人格,是一个完整的教育。这同我们提倡的全面发展相近。比较苏联的教育和美国的教育,苏联是培养专家,出来就是很好的工程师;美国不去培养高级工程师,但大学生未来发展的可能性很大。现在,对于两种教育模式的利弊得失应该是清楚的。

客：是实行专才教育还是通才教育，教育界曾有长期争论，现在倾向培养通才基础上的专才。现在中小学学校教育中还存在一种现象，就是一些学校倡导英才教育，提倡培养精英人才、领袖人物。

周有光：你有什么资格培养领袖人才？领袖人才是在社会中自然产生的，不是学校教育能够培养的。中学阶段应该给学生兴趣培养提供机会，你给他灌输东西，脑子装得满满的，他就没有自己的空间和兴趣去学东西了。沈从文早年很穷，没有老师指导，小学都没有毕业，他的学问是自学来的。他自己说是"乡巴佬进京"，谁理他？他写的小说像法国小说，但他不懂外文，他是自己看翻译小说学会的，这完全凭兴趣。有人看小说，看到半夜还不休息，是因为有兴趣。

客：您认为中小学教育的基础是什么？

周有光：中小学是打基础的阶段，中文是基础，最重要；英文也是基础，要拿起来就能写。中文学好不在于教师教了多少，很多人喜欢看小说，通过大量阅读就学好了。

客：您从小上新学堂，大学上了教会学校，后又留学海外，20世纪30年代到了日本，40年代再去美国，1949年回国。这种复杂的经历是20世纪上半叶中国一些知识分子的典型经历，造就了一代学者在学识上融通古今中外，品格上突显独立之精神和自由之意志。您认为我们现在的教育应该如何处理好继承传统和面向未来的关系，如何处理好学习西方文化和弘扬传统文化的关系？

周有光：我为什么要写文化的文章呢，有许多人笼统谈东方文化、西方文化，这是不对的。你要谈文化，首先要知道世界文化史，特别是近现代文化史。我认为，现在每个国家的文化实际包含两部分，一部分叫国际现代文化，其中最重要的是自然科学和社会科学，这一部分是现代整个世界文化的共同部分。古代没有现代文化，它是19世纪慢慢形成的。今天是全球化时代，必须是全球化文化，以国际现代文化为主，国际现代文化是大家共同的，这是文化的主要方面。二是传统文化，每个国家不一样的，包括本国的文史哲，包括本国的宗教、艺术，具有本国特色的。笼统讲东方、西方文化为什么不对？西欧文化和美国文化放在一起才是西方文化。东方文化含西亚、南亚和东亚文化。我写了篇《漫谈西化》，专门谈这个问题。中国所讲的西方，最早是指西域，后来是西天（印度），最后才指西欧，这是三个西方。糊里糊涂说西方文化是不对的。中国是三个"东方"之一，有自己的传统文化。我比较了三所大学课程，中国今天有名大学的课程主要来自欧美，3/4是外国的，物理、数学、化学是外国的，是国际现代文化，1/4是国内的，是传统文化；传统文化在缩小，国际现代文化在扩大。我们现在处于双文化时代，任何一个国家都是既有国际现代文化，又有本国传统文化。一个人也一样，可以容纳两种文化，并不矛盾。我既能听昆曲，又能听现代音乐，因为人本身就是矛盾的。西方宗教是信上帝的，科学是反宗教的，两者矛盾，但我知道很多生物学家都去做礼拜，信上帝。

客：最后，大家都想知道，您经历了整整一个世纪的风风雨雨，是如何做到保持健康的身体、良好的心态和乐观向上精神的？现在的老师很辛苦，压力很大，很多教师身心处于亚健康状态，你能否给教师传授一些"秘方"，以拥有健康的体魄和乐观向上的精神。

周有光：一要保持乐观的态度，要相信进化论，相信历史总是在进步，后人是会超过前人的。二要多动脑，多思考。上帝给我们一个大脑，不是用来吃饭的，是用来思考问题的，思考问题会让人身心年轻。

回顾辛亥百年

浩 宇

"有一天,我们家的长工带着我出门看热闹。我看见进城的农民被剪了辫子,痛哭流涕",周有光老人回忆起童年的往事,脸上绽开天真的笑容。

那是整整一百年前,武昌起义所激起的革命风云在全国各地鼓荡。5岁的周有光站在常州的街头,眼睛被革命带来的新气象所吸引。历史的一幕深深地烙在他的脑海里,虽历经百年沧桑,记忆犹新。

周有光的家乡江苏常州位于上海与南京之间,历来为江南富庶之地,文化发达之乡。周有光说,辛亥革命也给这个地方的普通民众生活带来了巨大变化,"第一,从此没有了皇帝。皇帝存在了两千年,忽然一天没有了,这是天翻地覆的改变;第二,老百姓的负担减轻了,清朝的苛捐杂税太多了;第三,建立了许多新式学堂,晚清就开始有了新式学堂,革命后更多了。我进的就是新式学堂"。

在周有光看来,辛亥革命是一场伟大的历史变革。

今年1月刚刚度过106岁生日的周有光先生,依旧精神矍铄,记忆饱满,思路清晰。这位出生于1906年的老人,见证了晚清以来整个中国历经磨难的近现代史,他的命运也随着时代的大波大浪起伏跌宕。

从上海圣约翰大学毕业以后,周有光从事经济、金融方面的工作,兼任经济学教授；1955 年他从上海调入北京，在"中国文字改革委员会"从事汉语拼音方案制定工作，主持编制国际通用的《汉语拼音方案》，泽被亿万人。85 岁那年他离开办公室，离开他的语言文字专业研究，开始转向历史和文化，研究人类文化发展规律。

2010 年，周有光推出的新著《朝闻道集》，得到读者的追捧，荣获深圳读书月"2010 年度十大好书"；2011 年，他又出版了新著《拾贝集》，其中闪耀着这位历史老人对人类文明和中外历史经验的理性反思，对国家社会种种问题的精辟评论，再度受到读者的喜爱。

革命不革命要看它是进步还是退步

浩宇：有学者说，清末形成了"改革和革命赛跑"的局面，一方面革命党人鼓动革命，一方面清王朝实行废科举、改官制、设咨议局等改革措施，为什么"改革跑不过革命"呢？

周有光："改革和革命赛跑"的说法不准确，改革也是革命。革命有流血的革命，也有不流血的革命。1688 年，英国推翻詹姆士二世的统治，建立君主立宪制政体，就是一场没有流血的革命，历史上称为"光荣革命"。在民主制度发展的历史上，光荣革命是一个重要的步骤，《权利法案》就是这场革命的成果。它规定：国王未经议会同意不得停止任何法律，未经议会同意不得征收赋税，国王不得干预议会事务，议会必须自由选举，议员有充分的言论自由。这个限制王权的法案是英国宪法的基本文件之一。

浩宇：光荣革命没有打仗，没有死人，是和平的革命。

周有光：是和平的革命。革命不革命，要从历史角度来看，它是进步还是退步。暴力推进的革命，假如是退步的，即使打仗打胜了也不算革命。不是打着革命的旗号就真的是革命。假如推翻了一个皇帝，自己又当了皇帝，或者是不叫皇帝的"皇帝"，那就不是革命。根据国外一些学者的研究，20世纪中国的许多所谓"革命"并不是真正的革命，因为"革命"后不但没有把中国推向前进，反而使中国落后了。

浩宇：那你认为辛亥革命是真正的革命吗？

周有光：辛亥革命是真正的革命，了不起。

提高对慈禧的评价是错误的

浩宇：在辛亥革命前，清王朝也进行了一些变革，例如最早的洋务运动。我们该怎么看待洋务运动？

周有光：洋务运动是进步的。原先我们批判洋务运动是错误的，现在改正了。洋务运动很幼稚，而且都是大官僚来搞的，普通人没有这种条件。洋务运动搞得乱七八糟，但它也确实做了一些小事情。

清朝末年的"戊戌变法"，康有为要改革，但是慈禧太后不让改，最后没有成功。慈禧太后是反对改革的，也就是反对革命的。康有为主张君主立宪，改革就是革命。在中国进行政治体制改革，进行革命，康有为是第一个，虽然失败了，但影响是很大的。戊戌变法留下来的成果就是一所京师大学堂。

浩宇：庚子之变后，清政府进行了一系列被后来的历史学家称为"清末新政"的改革措施。慈禧太后作为当时的最高统治者，是"清末新政"的领导者，所以现在有些学者对于慈禧太后也有了新的比较高的评价，你怎么看？

周有光：当权者一开始不想改革，后来没有办法了才同意。慈禧太后是坏人，是一个彻底的坏人，她是中国的最后一个女皇帝，是真正的女皇帝。她没有做什么好事情，有的改革是她没有办法了才同意的。

浩宇：1906年废除运行了一千多年的科举制度，就是慈禧同意的，这算是很有革命性的举措吗？

周有光：慈禧太后废除科举是被迫的，怎么是她的功劳？废科举是一种维新运动，清朝末年像康有为这样的人不是一个，有好多人。他们是进步的知识分子，他们立志要改革。广义来讲，清末的改革都是维新运动，主要是学日本的明治维新，因为明治维新搞成功了。

晚清政府废除了科举，新式教育开始兴起，不过晚清时新式学校很少，只搞了一点点。清王朝垮台后，新式学堂才真正兴办起来。我进小学就是新式学堂，那时候皇帝已经没有了。

浩宇：现在有些人对慈禧太后评价很高。

周有光：因为中国有些人喜欢皇帝嘛。清王朝垮台后，还有些人虽然不叫皇帝，实际上就是"皇帝"。提高对慈禧的评价，我个人看，是错误的。

漫谈华夏文化与传统文化

周有光先生是我国最早亲自使用电脑打字的作者，他对于研究汉语拼音电脑输入法做出了很大贡献。百岁学人周有光先生，至今头脑清晰、谈吐风趣，每星期亲自用汉语拼音法打一篇文章。周有光先生在《炎黄世界》杂志辟设了"百岁学人周有光专栏"。

什么是华夏文化？

客：华夏文化包含哪些内容？

周有光：没有公认的说法。有人说：华夏文化是"文史哲"加上"科技""艺术"和"宗教"。大致可以分为六个部分。1. 文学：例如汉赋、唐诗、宋词、明清小说、现代文学。2. 历史：二十四史和历代的正史和野史。3. 哲学：先秦诸子、历代名家。4. 科技：经验科学、农业、手工业。5. 艺术：文学以外有图画、书法、音乐、杂技。6. 宗教：主要是佛教。这是一个大体的说法。

客：华夏文化就是儒学文化吗？

周有光：华夏文化以儒学为主流，兼收并蓄，百花齐放，是全方位的文化。华夏文化是中国的传统文化，也是东亚汉字文化圈的传统文化。

客：华夏科技的"四大发明"（指南针、火药、活字印刷、造纸），近来受到严重质疑，除造纸术之外三种发明据说都发生了疑义。

周有光：这要深入研究，用科学方法寻求科学结论，不能置若罔闻，也不能人云亦云。我看，中国的科技贡献不必盯住"四大发明"，应当宏观地观察全面。我提出"五大贡献"，似乎比较扎实，难于动摇。"五大贡献"是：1. 培育五谷；2. 纺织丝绸；3. 采焙茶叶；4. 制造瓷器；5. 发明纸张。当然还有其他。这五样贡献只是作为代表。

客：有人说，汉字是"四大发明"之外的"第五大发明"。这个说法能成立吗？

周有光：这个说法没有得到语言文字学界的支持。

客：有人说，汉字是文化的"根"。文化有"根"吗？

周有光：《诗经》里有许多篇章产生于还没有汉字的时代，或者是由没有学过汉字的群众所创作。《诗经》是没有"根"的文化吗？世界上的国家大都用拉丁字母，它们文化的"根"是什么呢？

客：华夏文化分为几个时期？

周有光：各家分期不同。有人宏观地分为三个时期：1. 本土文化时期，从百家争鸣到儒术独尊；2. 儒佛交融时期，从佛教中国化到儒学宗教化；3. 西学东渐时期，中国逐步参加全世界"共创、共有、共享"的国际现代文化，同时保留和改进华夏文化。这种分期过于粗糙，可以参考，应当再分得细些。

客：什么是华夏文化的优秀部分？

周有光：优秀没有标准。说的人都是自己肚子里有数。

客：弘扬有定义吗？

周有光：也没有。多数人认为，弘扬应当满足三点要求：1. 提高水平，整理和研究要用科学方法；2. 适应现代，不作玄虚空论，着重实用创造；3. 扩大传播，用现代语文解释和翻译古代著作。总而言之，消极的"述而不作"要改进为积极的"述而又作"。

客：为什么到20世纪80年代忽然想起了华夏文化？

周有光：有人说，这是"文化大革命"的结果。20世纪50年代开始彻底否定西方文化，直到80年代，无人敢说学习西方。同时，完全抹杀中国的传统文化，闹了一出"批林批孔"的怪剧。被称为"十年浩劫"的"文化大革命"（1966—1976），使整个中国筋疲力尽、奄奄一息，事实上否定了苏联模式。改革开放之后，人们觉得一切文化都消失了，脑袋空空如也。忽然听说"四小龙"起飞是以儒学为背景，由此想起了华夏文化。

如何使华夏文化现代化

客："五四运动"为什么打倒"孔家店"？

周有光："五四"前后，许多人批判孔子，但是都对他的历史贡献留有余地，没有一笔抹杀。有人考证，"五四"时候，没有人写过"打倒孔家店"这句话。这句话的提出来，是"五四"以后人们回顾"五四"而讲的一句感情说法，不是当时的口号。

客：儒学是一无是处吗？

周有光：儒学是封建文化，不能不加以引申改进就为现代服务。儒学有许多积极因素，有许多至理名言，具备长远和广泛价值，只要经过现代化的引申，就可以为"后"封建的现代服务。

客：有哪些积极因素？

周有光：例如，儒家的知识信条（"知之为知之，不知为不知，是知也"；"学然后知不足"；"学而不思则罔，思而不学则殆"等），加以引申就能为现代知识社会服务。儒家的民本信条（"民为贵，君为轻"；"民为贵，社稷次之"等），加以引申就能为现代民主制度服务。儒家的反暴力信条（"不嗜杀人者能一之"，"和为贵"等），加以引申就能为现代和平建设服务。儒家的反迷信信条（"子不语怪力乱神"；"不知生，焉知死"等），加以引申就能为现代启蒙运动服务。引申改进，要跟五四运动接轨。"有教无类"跟"赛先生"握手，"民贵君轻"跟"德先生"握手，这就是"现代儒学"。

客：有人说，道家学说，深邃玄妙，应当得到尊崇。

周有光：道家不足取，因为它主张"愚民"和"无为"。

愚民："虚其心，实其腹，弱其志，强其骨，常使民无知无欲，使夫智者不敢为也"；"民多智慧，而邪事滋起"；"智慧出，有大伪"；"民之难治，以其智多"；"古之善为道者，非以明民，将以愚之"。伟大的愚民哲学！

无为："圣人处无为之事，行不言之教"；"道常无为，而无不为"；"上德无为，而无以为"；"无为则无不为"；"我无为，而民自化"；"为无为，事无事"；"圣人无为故无败"；"使民复结绳而用之，甘其食，美其服，安其居，乐其俗，邻国相望，鸡犬相闻，民至老死，不相往来"。退化到原始社会去了！

老子跟道教毫无关系。老子死后500年，被"拉郎配"强迫做了道教的教主，实在是大笑话！

客：有人说，历代实际都用法家学说。儒家也用法律。法家学说有实用性。

周有光：法家的错误不在用法律，而在残暴。儒家用法治，反对残暴，大获成功。据说，李斯小时候用酷刑虐待老鼠，后来赵高用李斯虐待老鼠的酷刑虐待李斯，最后腰斩咸阳。

客：董仲舒"罢黜百家、独尊儒术"，使儒学成为华夏文化的正宗。有人说，董仲舒是儒学的大功臣。

周有光：评论古人，既要从古代看古人，又要从现代看古人。董仲舒是儒家，他想尊崇儒术是正当行为。但是他用秦始皇封杀儒术的垄断手段来排斥百家，结束"百家争鸣、百花齐放"的学术自由时代，华夏文化从此失去活力，这是他的一大错误。今天重建"现代儒学"，第一件事应当恢复"百家争鸣、百花齐放"，跟先秦的学术自由接轨，在竞争中树立儒学的权威，不是用垄断来强制改造别人的思想。上接先秦的学术自由，下接"五四"的民主科学，"现代儒学"就能贯通古今而融会中外。

客：提出"三纲五常"也是董仲舒的错误吗？

周有光："三纲五常"是把原有孔孟学说和原有社会制度归纳起来，写成公式化的说法，便于称说，便于传播。董仲舒没有增加内容，只是提出公式化的说法，这不能说是他的错误。如果改变一下内容，"三纲五常"的公式还是可用的。例如，"君为臣纲"改为"官为民仆"就适合现代要求了。"自由、平等、博爱"可说是"民主运动"的"三纲"。

客："修身、齐家、治国、平天下"，这对今天还有用处吗？

周有光：有用，但是内容要现代化。例如，修身：终身教育，知识更新；齐家：男女平等，夫妻相敬；治国：否定专制，肯定民主；平天下：积极参与和创造国际现代文化。

客：近来人们重提"天人合一、内圣外王"作为振兴儒学的口号。"天人合一"是"天人感应"的翻版，董仲舒所提倡。

周有光："天人感应"是迷信，起源很早，董仲舒把它抬高作为儒学教条，还引进了"阴阳五行"的巫术思想，使儒学神秘化。这是董仲舒的错误。儒学必须非神秘化，然后有存在价值。

客："玄学"跟"儒学"是什么关系？

周有光：魏晋南北朝时候佛道大盛，跟儒学并立。儒学失去正宗地位。何晏作《道德经》，王弼注《老》《易》，以老庄融合孔孟，称为"玄学"。尚"贵无"，重"无为"，倡"愚民"，腐蚀儒学，流毒极大。这是继董仲舒污染儒学之后，又一次严重歪曲儒学的本质。

客：唐代韩愈排佛，为何失败？

周有光：韩愈排佛失败，因为当时朝廷和群众都信佛教，中国文化从此印度化。唐僧争去西天取经，正像今天青年争去美国留学。儒学缺少来世幻想，缺少精微思辨，陈陈相因，软弱无力。儒生转而学习西天，佛教中国化，儒学宗教化。

客：宋明理学是儒学的复兴吗？

周有光：宋明理学是佛教化的儒学。学思辨而精微不足，想来世而天国无门。儒冠佛心，貌合神离。儒学的入世勇气、积极精神，完全丧失。"天人合一、内圣外王"，这个口号离现代太远了。现代青年认为，"天人合一"是迷信，"内圣外王"是封建。儒学只有脱离迷信，脱离封建，才能重新获得现代生命。

客：儒学的积极精神表现在哪里？

周有光：儒学有三大斗争。1. 反神秘斗争：儒学没有天堂，没有彼岸，接近无神论；2. 反愚昧斗争：儒学重视知识，努力教育，反对愚民政策，反对以吏为师；3. 反暴力斗争：儒学不反对大统一，但是反对暴力统一，这与今天欧盟的民主统一运动有相似的思想基础。三大斗争就是儒学的积极精神。

客：佛教究竟是中国文化还是印度文化？

周有光：佛教原来是印度文化，在印度式微而在中国兴旺，以中国语言和中国概念解释佛教，佛教典籍大都在印度失传，只有中文译本保存完好，中国成为佛教的大本营，佛教成为中国佛教和中国文化，但是追溯来源是印度文化。正如基督教从东方传入西方，在西方生根和在西方兴盛，基督教成为西方的宗教，西方文化被称为基督教文化，可是追溯来源是东方的宗教。这类文化迁移现象，历史上时时出现。

客：佛教对中国文化，有功还是有过？

周有光：我看功过各半。佛教带来各种印度的实用文化，多方面丰富了中国文化。但是，在文艺复兴之后，印度文化落后于时代，无助于中国追赶先进。佛教轻视现世、重视来生，使中国人民意志薄弱，不求精进，最后落入"第三世界"。

客：现在振兴旅游。中国的旅游景点，十九都是佛教圣地。佛教是在发展吗？

周有光：旅游者来中国，是来看中国的古代，不是来看中国的现代。古代遗迹，十之八九都是佛教庙宇，"天下名山僧占多"。庙宇财产归公之后，和尚各自还俗就业。旅游景点的和尚是雇佣的工资和尚了。

客：为什么印度文化大量传到中国，中国文化没有传到印度？

周有光：文化如水，从高而下不能逆流。中国文化的高峰在春秋战国的"百家争鸣、百花齐放"时代，后来长期保守，控制思想，进入停滞和衰落状态，外来的印度文化成为中国文化所需要的新营养和新刺激。

客：许多人说，中国生活重精神，西洋生活重物质；中国学术长于综合，西洋学术长于分析。对不对？

周有光：中国生活缺乏物质，中国学术短于分析。西洋生活不缺乏精神，西洋学术不短于综合。不要用自我安慰来欺骗自己。

客：你对"李约瑟难题"①是怎样看法？

周有光：中国文化长期停滞，原因复杂，不能用简单化的方式来说明。考证中国古代的科学发明，是一项重要工作。所得结果要经得起反复考证，不能匆促定论。长期停滞问题值得研究：要考虑专制制度的顽固保守因素，要考虑"思维屏障"的思维方法问题，要研究重农轻商的政策影响后果，要研究外族入侵的文化破坏作用，等等。尤其是外族入侵的破坏作用，往往被故意忽略，这是不符合历史事实的。

客："孔子、老子、释迦"，三圣同堂供养。这个奇观也是华夏文化的特色吗？

周有光：儒学不是宗教，把孔子当作教主，是侮辱孔子。三圣同堂使人啼笑皆非。不过，从另一方面看，这表示了中国文化的宽宏大度、

---

① 英国著名学者李约瑟（Joseph Needham，1900—1995）在其编著的15卷本《中国科学技术史》中正式提出此问题，主题是："尽管中国古代对人类科技发展做出了很多重要贡献，但为什么科学和工业革命没有在近代的中国发生？"1976年，美国经济学家肯尼思·博尔丁将之称为"李约瑟难题"。——编者

和谐胸怀。这是华夏文化的好传统。同时使我们明白，宗教有和平宗教与战斗宗教的分别。"儒释道"都是和平第一，不是"圣战"至上。这在今天恐怖主义闹得欧美天翻地覆的时候，有非常重要的现实意义。

客： 最近大规模展览"郑和下西洋"，这是弘扬华夏文化吧。

周有光： 这是一件好事。可是要明白，郑和跟哥伦布根本不同。郑和没有大地是球形的观念，航海不是为了寻找新大陆。郑和按照阿拉伯航线航行，可能有阿拉伯海员帮助，不是开辟新航线。郑和下西洋不是下东洋；如果下东洋经过太平洋直达美洲，那就意义大不相同。有人猜测，郑和可能到过美洲，那是瞎想。历史学家说，郑和的航海是皇帝的即兴之举，不是开辟海外事业的长期计划。朝贡贸易，厚往薄来，徒然耗费国库财力。所以一旦停止，就销声匿迹。历史学家的这些看法是有见地的。

客： 弘扬传统文化，近年来有哪些成就？

周有光： 我所见不广，似乎成绩不多。有四个方面比较突出：1. 中国画独树一帜；2. 汉字书法独步世界；3. 中国杂技展示东方的柔美；4. 中乐的创新，突飞猛进。中国在现代科技文化方面，仍然显著落后于时代，不仅在自然科学方面，更是在社会科学方面，都需要急起直追。

客： 传统文化和国际现代文化永远并存并用吗？

周有光： 并存并用必然有消有长，那是缓慢的过程。国际现代文化已经占学校课程的大部分，知识更新在全世界都快速前进中。

谈 21 世纪的"入世"与"出世"

客：进入新时代以后，您怎样回顾 20 世纪？

周有光：20 世纪是一个光明的世纪，但是又很黑暗。20 世纪是一个智慧的世纪，但是又很愚昧。遗憾的是，黑暗不比光明小，愚昧不比智慧少。20 世纪发生两次旷古未有的世界大战，使数以千万计的群众像蚂蚁那样死去。20 世纪一些军阀以美好的言辞残害成千上万的善良老百姓。这就是"万物之灵"的行径吗？大规模破坏森林，使无数动物无处藏身，迅速灭绝。大规模破坏江河和湖泊，使一年洪水泛滥，一年赤地千里，灾难频仍。这就是"现代文明"的表演吗？教育家们喜欢隐恶扬善，青年们容易听到历史的英雄故事，不容易知道历史的悲惨场面。"20 世纪人"在世纪接轨的时刻，有责任告诉"21 世纪人"：不要轻信神话，要牢记"前车之覆，后车之戒"。

客：2001 年，翻开了新世纪历史的第一页："入世成功"。

周有光：21 世纪的头一年，中国加入世界贸易组织（WTO），中国将接受 WTO 的章程，扩大进出口贸易，"入世"了。

客："入世"本来的意思是：步入世间，投身于世间。一个人的处世态度不外乎两种：入世与出世。通常认为儒家精神是入世的，认为人应该抓住一切机会在世间建功立业，过一种积极的人生；佛家精神是出世的，认为世间诸行无常，诸法无我，对人对事都不应该太过执着。但如今这两个词的意义被引申了——"入世"，从经济方面来说，就是加入世界贸易组织。

周有光：中国人一直向往"世外桃源"，只顾"四海之内"，而不顾"四海之外"，现在改弦易辙，准备走出桃源，进入世界。这是中国的大事，也是世界的大事。

客：您怎样看待《桃花源记》呢？

周有光：《桃花源记》是一篇好文章，大家喜欢读，我也喜欢读。《桃花源记》的思想是出世，走出世界，安居古代。我的思想是入世，走进世界，追赶现代。

客：《桃花源记》跟您的思想完全相反，为什么您也喜欢读它呢？

周有光：其中的道理，直到最近我才明白。原来，我生活在传统思想之中，出世早已成为我的潜意识。我的入世思想是后来从书本中学来的，只是包在潜意识外面的一层薄膜。所以我虽然有入世思想却喜欢读出世文章。《桃花源记》文笔优美，这是吸引我的次要原因。

客：中国人的"出世"的潜意识是从哪里来的？

周有光：中国的出世意识来自三个方面：哲学传统、地理环境和历史背景。

客：请先谈谈中国的哲学传统。

周有光：我们的哲学受宗教影响极大。

客：中国传统是"儒道佛"三教合一吧？

周有光：佛教，从西汉哀帝元寿元年（公元前 2 年）传入中国，到现在已经有两千年历史。佛教在印度衰落之后，中国成为世界佛教的主要基地。佛教修行的最终目的是达到"涅槃"。"涅槃"的意思说穿了就是一个"死"字。"生"都不要，还要"入世"吗？

客：再说道教，它跟先秦的道家老庄哲学有什么关系？

周有光：道教，从东汉顺帝汉安元年（142 年）的五斗米道算起，有一千八百多年。道教本来是中国的原始巫术，没有教祖就领来一个老子作为螟蛉教祖。道教修炼的最终目的是成仙。仙人不住在地上，而住在云端里，当然远离尘世。

客：那么"儒道佛"三教怎样合一的呢？

周有光：魏晋玄学，尊崇"三玄"（《老子》《庄子》《周易》），以道解佛，援儒入佛，讲玄虚、辩有无，清淡度日。宋明理学，是"儒道佛"的混合。理学的所谓"体用"和"理殊"，皆出于佛教。胡适说："理学挂着儒家的招牌，其实是禅学、道家、道教、儒教的混合产品。"中国的宗教和哲学都深藏着出世意识。只有儒家有入世思想，但是受佛道感染，儒冠而佛心，儒衣而道言，逐渐失去了孔孟的积极入世精神。

客：佛家的偈语："在墙内出世，又在墙外入世"；古时参禅有言："用出世的心态入世，用入世的心态出世"……

周有光：那些属于玄学的清谈，玄而又玄，在现实中难以具体行动与验证。而科学思维讲求实证、实用和实践。关键在于如何面对现实社会，面对现代化和全球化，面对未来。"入世精神"不要流入空洞的说教玄想，一定要解决现代物质文明、精神文明、制度文明的实际问题。

客：原来"儒道佛"三教合一是面向古典、面向玄谈、面向过去，没有继续发展儒家原有的入世精神，明白了。那么中国地理环境的影响又如何呢？

周有光：亚洲大陆东部，地处欧亚大陆的东端，由喜马拉雅山隔开，自成区域。北有流沙，西有峻岭，南有榛莽，东有大海，一个天然的封闭天下。中国居东亚的中心，遗世独立。唐宋以后，中国自限于世界潮流之外而妄自尊大。横跨东亚和东欧的蒙古大帝国的血腥专制中央集权的传统延续到明清，后患无穷。中国多年的自我封闭，一直到清朝末年，老大帝国还是"不知世上还有文艺复兴、启蒙运动、工业革命、自由平等博爱、现代化浪潮"……请到山东海边看看"天尽头碑"，这就是古代天下的极限。

客：再请分析一下历史背景。

周有光：宋元明清，有很长时间由少数民族统治。他们进入中原，犹如到了天堂，心满意足，不求发展，关起门来尽情掠夺。元代蒙古皇帝有一次问大臣能否杀尽汉人，把尸体运去肥沃蒙古草原。明代郑和下西洋，是去宣扬国威，不是去开拓疆域，是遵循已知航道，不是去开辟航道。清代后期，英国要求跟中国建交通商。中国皇帝说，"万物皆备于我"①，不需要蛮夷之邦的东西。宋元明清各代都长期实行海禁，一次又一次错过了改革开放的良机。

客：传统力量束缚住历史，力量之大，远远出乎想象。"积重难返"不是一句空话。

周有光：东方如此，西方也是如此。

---

① 语出《孟子·尽心上》："万物皆备于我矣。反身而诚，乐莫大焉；强恕而行，求仁莫近焉。"——编者

客：是嘛。哥伦布发现新大陆之后，本来西班牙和葡萄牙可以捷足先登，实现现代化的壮举。人们要问：西班牙和葡萄牙到中南美殖民比英国到北美殖民早一百多年，为什么至今中南美落后于北美？

周有光：学者认为，深层原因是伊比利亚传统的惯性在起作用。西班牙和葡萄牙的半岛叫作伊比利亚（Iberia），曾经被信仰伊斯兰教的阿拉伯人长期统治，又跟北非的柏柏尔人（berbers）杂居，由此形成的文化叫作伊比利亚文化，是西欧文化的一个分支。伊比利亚文化的经济仍然建立在农奴与奴隶劳动的农业基础上没有工业化，政治仍然延续君主专制而没有民主化。西班牙、葡萄牙在美洲建立庞大的殖民地，现称拉丁美洲，深受伊比利亚文化的影响。

客：人们还要问：东西德合并到如今，东德仍旧无法赶上西德，成为西德难以放下的包袱。什么缘故？

周有光：学者认为，深层原因是东德社会主义传统的惯性在起作用。由此可以了解为什么俄罗斯的经济改革如此之难。

客：我们的传统包袱也十分沉重，我们的潜在惯性还没有被自己发觉。两千年的出世传统阻碍着中国走入先进世界。

周有光：现在，中国将从"天下中心"变为"世界一员"。许多人会感觉很不舒服。怎么泱泱大国变成了小小地球村的一员？孔子登东山而小鲁，登泰山而小天下。现代人登喜马拉雅山而小东亚，登月球而小地球。站得越高，看得越远，自己就相对地显得越缩越小。

客：然而参加"世贸"只是产品进入世界，不是人民进入世界。

周有光：人民进入世界，才是真正的"入世"。人民"入世"，就是成为世界公民。成为世界公民，不用写申请书，也没有公民证。

客：那么需要什么呢？

周有光：做一个地球村的新村民，需要进行两项自我教育：扩大视野和补充常识。

客：什么叫作扩大视野？如何扩大视野？

周有光：我们有三个面向：面向现代化、面向世界、面向未来。三个面向，就是扩大视野。扩大视野要把本国观点改为世界观点。从本国看本国要改为从世界看本国，从本国看世界要改为从世界看世界。中国人民要改，世界各国人民都要改。例如，甲国占领乙国，夺取其油田。从本国观点来看，可能会站在原来友好的甲国一边；但从世界观点来看，要根据国际公法，支持被侵略的乙国。

2001年第9期的《群言》杂志刊登两张照片。一张是1970年12月7日联邦德国总理勃兰特在"二战"被侵略国波兰的华沙犹太隔离区起义纪念碑前下跪；另一张是2001年8月13日小泉纯一郎以日本内阁总理身份，不顾被侵略国的抗议，悍然参拜纪念战争罪犯的靖国神社。勃兰特扩大了视野，有了世界观点，认识了过去，能面向未来。小泉没有扩大视野，没有世界观点，不肯认识过去，不能面向未来。

客：两张照片，对照鲜明！

周有光：日本教科书美化侵略，引起被侵略国强烈抗议。国际评论说，日本不肯正视过去，坚持军国主义传统观念，绝对错误！同时，日本的邻国也要用世界观点查看一下自己的教科书，把歪曲历史实事求是地纠正过来。否则，你爱你的祖国，我爱我的祖国，亚洲就难于有持久和平。

德国在西欧，可是一向自立于西欧之外，企图凌驾于西欧之上；两次大战失败，不得不改弦易辙，从西欧的敌人改为西欧的友人，从西欧的客人改为西欧的主人；扩大视野，共建"欧盟"；这不比再打一次世界大战好吗？一位俄罗斯学者说，俄罗斯也要考虑重新定位。可否从欧洲的客人改为欧洲的主人，从离开欧洲视野改为进入欧洲，扩大视野，参加"欧盟"。这不比继续冷战好吗？扩大视野，面向未来，原来无法解决的问题就不难迎刃而解。

客：什么叫作补充常识？补充什么常识？

周有光：常识就是自然科学和社会科学的基本知识，也就是五四运动所要求的科学和民主。某小学老师问：用烧饭的柴火能不能炼出钢铁来？学生答：不能。问：为什么不能？答：温度不够。在"大炼钢铁"的当年，我国大致还没有人具备这种常识。

今天我们的常识提高了，但是不能自满，应当自己再检查一下，是否仍旧缺少现代国际社会所公认的某些常识。一位英国学者说，治理国家就是按照国际公认的常识行事。常识不是静止的，而是不断更新的。

客：据说，斯诺曾经告诉毛主席，美国农民只占人口的8%。毛主席停了一会儿说："请你再说一遍。"斯诺又说了一遍。毛主席摇摇头："我不信！"最近新闻说，美国农民现在只占人口的2%以下。不知道毛主席听了将作如何反应。新闻还说，美国工人现在只占人口的20%以下，10年以后将降到10%以下。

周有光：技术发展，农民和工人不断减少，是世界各国的共同现象。历史变化出乎预言家的想象。社会的发展规律需要重新研究。

2008年，北京将主办世界奥运会。在这个运动会上，没有国家能提出要求：给我们特别优待，踢足球的时候，我们可以手脚并用。国际共同的竞赛规则，就是我们要学习的常识。

客：别的国家参加"世贸"，谈判半年、一年，至多两三年就完成了。中国参加"世贸"，谈判了十五年之久。

周有光：一个出生婴儿已经长成 15 岁的少年了。一个 50 岁的中年已经变成 65 岁的白发老头了。

客：计划经济跟国际市场接轨如此之难！中国产品走进世界不容易，中国人民走进世界更加不容易。从"入世"之难，我们看到了自己离开世界还有多远。

周有光：在 21 世纪，人与人、国与国，正在重新定位。世界各国，原来各据一方，相互虎视眈眈。现在大家挤进一个小小的地球村，成为朝夕相见的近邻。当然仍旧有敌对，可是敌对方式也跟过去不同了。走进世界，做一个 21 世纪的世界公民，无法再梦想世外桃源，只有认真学习地球村的交通规则。

忆己怀人

周素子

中国著名文字语言学家周有光先生,今年已高寿106岁,是经历了清末、民国、新中国,精通四国语言的大学者。作家周素子和周有光张允和夫妇有五十年的交往。因此,本访问带有聊天的形式。周先生一生不做官不搞政治,但是对问题仍有洞若观火的敏感。

我们家曾被三次扫地出门

问:你这个年龄在北京排老几?

周有光:东城区调查人口说,我是东城区年龄最大的。北京城市的变化很大,可惜早年被破坏太多。假如按照梁思成的计划,老的北京城保留下来,加一加工,东面造一个城,西面造一个城,不要破坏原来的。破坏了原来的,这是很可惜的,已经没有办法了。

问:你和沈从文是连襟,还有没有跟沈从文的老照片?

周有光:老照片都没有了,文化大革命,我们这种知识分子是共产党不要的,都被送到宁夏,去劳动改造,叫作"五七干校"。等到回来呢,家里住的是造反派,他们搬走的时候,我们家里什么东西都没有了，连个废纸片都没有了。本来我家里照片多得不得了，现在一张都没有了。

我们家三次被扫地出门。什么叫扫地出门呢？就是家里面什么东西都搞光了。第一次要讲我的曾祖父，他是反革命分子，清朝他反对太平天国。太平天国攻破了常州城后，他就投水而死，清朝封了他一个官。皇帝每年要给我们很多钱，恩赏我曾祖父的。

第二次，抗日战争我们逃到四川。苏州的老家由一个老家丁照看，他管得很好。我们本来以为最多三年要回来的，结果隔了八年才回来。等我们回来，老家丁已经不认得我了。家里什么东西都没有了，这是第二次扫地出门。

第三次扫地出门就是"五七干校"下放，"反右"嘛。我还是非常幸运的，为什么？我是上海解放才从国外回来的，在上海复旦大学教书，我是搞经济学的。一直到1955年年底，中央举行全国文字改革会议，叫我来参加。会议结束以后，中央把我留在北京，在一个新的文字改革委员会工作，我说不行，我的语言文字学是自修的，不是我的专业，我是外行。领导说这是新的工作，大家都是外行。复旦大学校长劝我改行，说这个工作是非常重要。因为当时要建设新中国遇到一个困难，就是人民都没有文化。那个时候百分之八十五都是文盲，复旦的校长也劝我，我就到北京来了，从此改行不搞经济学了。我是1955年年底来的，1956年没问题，1957年就"反右"，"反右"不得了，上海两种人是重点，第一是资本家，一个个从高楼跳下来自杀，第二个重点就是经济学家，上海经济研究所的所长，我的好朋友自杀了，我在复旦的学生、好多博士生都受牵连，有一个博士生好得不得了，也自杀了。我都不知道，那三年时间是不能随便通信的。但我在北京改了行，不算我的账了，上海好多经济学家没有讲错一句话，可是也变成大右派，因为你当教授不可能不写文章。你一篇文章，就是二十年监牢。所以我逃过了一个反右，四川话里这叫"命大"。

问：你如何保持这样清晰的记忆？你的阅读的习惯是怎么样的？

周有光：每天都读书。我是 85 岁才离开办公室，在家里以后就不做学术研究了，随便看书，随便写杂文，主要是看世界历史还有文化，中国人不大懂文化学。现在很多人说，中国了不起了，三十年河西三十年河东，文化的中心跑到中国来了。这都是胡说八道。我就根据国际文化学者的研究写了篇文章。杨振宁他搞物理学的嘛，他这个人人缘不好，在美国大家都讨厌他，他觉得在美国没有趣味就回来了，先到香港，香港请他演讲，他不讲物理学，他讲文化、讲语言文字，讲了一大堆错误的东西，一个大笑话！我百岁以后衰老很迅速，首先是耳朵不行了，记忆力不行了，不过理解力还没有衰老。理解力要衰老那就不行了。

最难忘的朋友是胡适

问：你对陈独秀《小学识字教本》《同源词研究》有什么评价？

周有光：陈独秀在语言学文字学上，他是的确外行，这方面胡适懂。

问：陈独秀搞学问的话，地位也会很高的。

周有光：对，他如果搞学问就好了。

问：你最难忘的朋友是谁？

周有光：最难忘的朋友是胡适，他是我的丈人的朋友。其实他不能算是我的朋友，不过我认识他。我的老伴，还有老伴的妹妹就是沈从文的夫人，都在胡适的学校里面听过他的课。其他的朋友想不起来，朋友太多了。现在看起来，胡适讲的话都是对的，他没有胡说八道。中国，今天最重要一句话，就是改革开放讲的"实践是检验真理的唯一标准"。这句话哪里来的，胡适讲的，是胡适讲出来的，这是很值得敬佩的。①

问：当时你也很激动？回来参加新中国建设。

周有光：是很激动！因为我们经过抗战，那个时候我们青年都倾向共产党，反对国民党。因为国民党专制，国民党专制都是从苏联来的，也是学苏联的。苏联那个时候很厉害，它一手抓国民党，一手抓共产党，很厉害的，害了我们。

问：你怎么评价季羡林？

周有光：季羡林应当说跟我很熟的，他也是政协委员，在政协我们常常两个人住一个房间。他在外国读了八年书，在德国学梵文。外国大学都有梵文这一课，中国大学没有。学梵文什么用处呢？学佛教文化，学了梵文你才能够看佛教的材料嘛。他的梵文是挺好的，可是回到中国来没有用处。中国大学没有学梵文的，中国人研究佛教不通过梵文而通过中文，什么道理呢？因为从唐代开始，中国人把佛教的经典都翻成中文。所以许多的佛教经典中文有，印度文都没有了，印度是失传了，中文里面倒有。所以你真正要研究佛教呢，要用中文典籍来研究佛教。人家把他放在语言文字界里，他不懂语言文字学，写的书都莫名其妙，讲了许多错误的话，连我的学生都写文章批评他。（笑）

---

① 语出《胡适自传》，原文为"实验主义告诉我，一切的理论都不过是一些假设而已；只有实践证明才是检验真理的唯一标准。同时要证明一个理论是否有真理的唯一方法，也便是想出这个理论在实际运用上牵涉到各种情况；然后在实验中观察这一特殊理论是否能解决某一问题的初步困难，从而进一步找出一个原来所要寻找的解决方案。"——编者

如何看待中国经济腾飞

问：你是老经济学家了，你是如何看中国经济腾飞的？

周有光：今天许多人讲中国好起来了，经济好起来了，这是完全错误的，GDP不能讲总数的嘛。

问：你现在上网吗？

周有光：上网。我有一个很好的计算机在那个房间，我平时写文章就用这个计算机。

问：中国买美国债券对吗？

周有光：对的！发行要有准备，发行准备用什么东西呢？从前最好是黄金，可是黄金的问题就大了，第一是不方便，第二是黄金的价值不能跟着需要变化，所以黄金可以作发行的准备，但只能作一小部分。发行你要准备一种有价值的东西，在需要的时候可以立刻卖掉变成钱。所以美元、美国公债，最合算，也最靠得住。因为美国公债或者美元立刻可以变成你需要的货币。

这是没有办法的事情，全世界都是买公债，其他东西都次要的，因为其他东西没有那么大的量，没有一种东西可以随时卖出去，立刻变钱的，就只有美元是最方便的。这是一个知识问题，你要反对你自己倒霉。这个美帝国主义是很厉害的！债券你可以立刻变成美元，从美元的角度来看债券不会缩水的，而且它的利息也是比较高。美元是会缩水，但也不敢缩得很多，缩得太多他自己不好，这是一个很复杂的事情，美元是全世界通用的。

问：你跟外国亲戚们联系多吗？

周有光：在改革开放以后，我差不多每年都要去外国好多趟。讲到去外国的事，我给你讲一个笑话，我刚刚想起来。从"五七干校"回来后，没什么事情做，但是我很高兴，就在家里面，把从前做的研究写成一本一本书。有一天，是1979年的冬天，领导来找我，说你赶快准备，下个礼拜你代表中国到巴黎去开会。我说我不想出去了，我的衣服都破光了。他说衣服破没有关系，你赶快去做新的，从袜子到大衣都做新的，做最好的，但回来后，都交给公家。好，要走了，派了两个人送我到飞机场，送到飞机旁边告诉我，你是联合国请的，联合国给你很多钱，所以我们不给你美元了。又说你皮夹子要拿出来，人民币不能带到外国去的。我把皮夹子交给他，我身边一分钱也没有。人家就问我，你没有一分美元没有一分人民币怎么敢上飞机呢？我说人已经到飞机旁边了，跨一步就进飞机了，你不进也得进嘛。不过我一点也不心慌，要是真的有点问题，我在国外还是有点关系嘛。

儒学要与现代化握手

常 强

他是汉语拼音方案的主要制定者之一，
他是在世的中国人中为数极少见过爱因斯坦的人，
他始终坚持独立思考，秉持客观、冷静、理性的态度，
他给人带来无尽笑声，和蔼可亲、平易近人，
他自80多岁才开始接触电脑并在此后完全使用电脑写作，
他年近107岁，却依旧健康、始终乐观、不断创作，
他是老寿星，是畅销书作者，是知名博主，是专栏作家，
他便是"不天真时代的天真老人"

——周有光

温故而知新

记者： 周先生好！我们来自山东，是致力于传播与应用以孔子为核心的中国优秀传统文化的。见到您很高兴。

周有光： 欢迎！孔子在今天重提，是因为孔子可以纠正以往的一些错误。改革开放之前，我们在对待传统上犯过不少错误，在国家建设上出现了很大的偏差。现在重提孔夫子，重视传统文化，这是对过往的矫

正。"文革"之前，就已经在搞好多运动了。我认为，儒学有三大斗争，这些在我的书上都有写过：第一，是反对残暴；第二，是反对愚民；第三，反对迷信，"子不语怪力乱神"。儒学只要坚持这三点，就可以实现与时俱进了，就是真的发展了。以孔子来纠正以往的错误，是挺好的。

儒学出现在2000多年以前，但随着时代的进步，我们今天要提倡现代化的儒学。"五四"时期，中国出现了西方的民主与科学，即"德先生"和"赛先生"。儒学讲究"格物致知"、"民贵君轻"。儒学是个好东西，但要与现代化的东西握手，要与西方的科学、民主握手。具体来讲，"格物致知"跟"赛先生"握手，"民贵君轻"跟"德先生"握手。孟子说孔子是"圣之时者"，就是强调孔子是与时代同步前进的嘛。孔子的思想、学问，是不断前进的。

记者：也就是说，儒学只有坚持与时代同步，才能保持不竭的生命力。我们在今天面临好多的社会问题，您认为孔子可以为我们提供怎样的帮助？

周有光：儒学里面，有许多值得借鉴的思想。比如，孔子说的"知之为知之，不知为不知"，这句话是很了不起的。美国加州大学非常有名，大家都知道。他们树立了一座孔子像，并且还雕了几个汉字"有教无类"，翻译得很好："教育是没有边界的。"在孔夫子看来，穷人富人都可以接受教育，在教育上提倡人人平等，这是很先进的。孔子在那个年代可以提出如此先进的教育思想，是非常了不起的。孔孟之学很先进，能够充分发挥孔孟之学的积极性教诲，很重要。

孔孟学说，原本实事求是，朴质无华。董仲舒把玄虚的"阴阳五行"引进儒学，提出"天人合一、阴阳贯通"的宇宙观，把人际关系归纳为"三纲"（君臣、父子、夫妻）和"五常"（仁、义、礼、智、信），这使儒学教条化和玄虚化。

记者：您如何看待儒、释、道这三者的关系？

周有光：把儒释道放在一起，是中国老百姓的一种愚昧。看见菩萨就拜，说明他们对此不了解。中国的文化可以分为几个时期：第一个时期叫本土文化。本土文化以先秦文化为基础，这其中以儒学为核心；第二个时期是儒佛二元化。这个时期，佛教进入中国，和中国本土的儒学并存，所以称为二元化。

儒学是入世哲学，不谈鬼神。"子不语怪力乱神""不知生、焉知死""敬鬼神而远之"，这是中国最早的无神论。佛教重视来生（彼岸），重视死（涅槃），重视鬼（阴间），人的生死由众神管理。华夏文化缺少彼岸玄想，佛教填补了这个真空。

有人问我，科学这么进步，为何还需要宗教呢？我就说，科学是一步一步发展的，知识越来越多。可是，在科学所理解的已知世界之外，还有一个未知世界。对未知世界的解释，就需要宗教了。

记者：那么，随着科学的发展进步，是不是宗教的影响力会越来越小？

周有光：不会的，因为未知世界永远要比已知世界大。

记者：今天好些人提倡读经，您对读经现象有何看法？

周有光：读经，这是不错的做法。特别是好多人提倡吟诵，不是有吟诵协会嘛，他们还请我做顾问。但有一个原则需要掌握，这就是要坚持创新，反对复古。在今天的全球化时代，社会发展快得不得了，所以要与时俱进，做的事情要与时代的发展结合起来，服务于当下。

记者：可否从总体上来论说一下您对中国传统文化的理解？

周有光：华夏文化长期维护中国的皇权专制制度，使农业和手工业稳步发展。培育五谷，养蚕缫丝，采焙茶叶，制造瓷器，发明纸张。此类重大创造,造福人民,惠及邻邦。近代以前,跟西欧、西亚和南亚文化相比,东亚的华夏文化毫无逊色,或许还略胜一筹。

华夏文化有强大的同化能力,以炎黄子孙为核心,经过不断地同化周边民族,形成世界上人口最多的汉族。从宋代算起,辽金统治半个中国三百多年,元朝清朝统治整个中国近四百年。少数民族武力征服汉族,汉族文化同化少数民族。汉族和少数民族成为兄弟民族,合力推进华夏文化。

记者: 对中国文化的未来,你有何期待?又有什么担忧?

周有光: 为皇权专制制度服务了2500年的华夏文明,要想转化成为现代文明,那是一场脱胎换骨的大手术。如果对华夏文明负面的东西,在理论上不敢彻底批判,在制度上无法严格防止,那么,我们将背着阴影遗产进入第三个千年。只有清算过去,方能开创未来,华夏文明任重而道远。

记者: 您曾经说过,弘扬传统文化,有两条道路:复古与创新。您赞成后者。那么,到底该怎样创新?

周有光: 我认为弘扬传统文化很重要,方式就是创新,而不是复古。这个问题,胡适先生已经讲得很清楚了。胡适先生提倡"整理国故"。对于传统的东西,好的要弘扬,不好的东西就要扬弃,就要批判。孔子说:"温故而知新。""温故"就是整理原有的东西,在此基础之上,才可以有新的体会和收获。

记者: 您有一个概念叫"国际现代文化",那么什么是"国际现代文化"?

周有光: 我刚出了一本书,叫《文化学丛谈》,里面提到了关于文化学的问题。各地区的传统文化彼此接触,相互吸收,逐渐形成一种不分彼此的共同文化，包含不同传统文化的精华，特别是先进的学术、政策和制度，叫作"国际现代文化"。这样，文化分为地区和国际两个层次，组成全球化时代的"双文化"结构。

国际现代文化不等于西方文化。它以科学为基础，包含各种发明创造。西方发展科学较早，发明创造较多，成为国际现代文化的主要构成部分。西方以外也有重大贡献。例如：阿拉伯数字是印度的发明，罗马字母是西亚腓尼基的发明，瓷器和纸张是中国的发明，这些也是国际现代文化的构成部分。国际现代文化是人类"共创、共有、共享"的共同文化，不能说就是西方文化。

要做 21 世纪的世界公民

记者：近年来，您提出社会发展的三大规律：经济上，从农业化到工业化再到信息化；政治上，从神权到君权再到民权；文化上，从神学到玄学再到科学。在您看来，现阶段的中国在经济、文化和政治上，分别处于什么阶段？

周有光：在经济方面，中国已经进入工业化，同时进入信息化，但是水平非常低。中国的工业化是廉价劳动和外包经济，这是低水平的工业化。至于信息化，我们的信息化水平也是很低的。罗斯福讲四大自由，现在我们要提第五大自由，就是网络自由。全球化时代是透明化的，苏联经不起透明，一透明就垮掉了，我们难道害怕透明吗？

文化上，中国思想界如今的状况很糟糕，仍然是神学思维、玄学思维，不是科学思维。前一段发生的"张悟本事件"就说明，中国的群众还在神学思维阶段，不会思考。拿医学来说，什么西医、中医，科学没有中西之分，科学有一元性。如果承认社会科学是科学，就不能分什么阶级性，也不能分中外东西。如果走不出神学玄学，实现现代化就是一句空话。

记者：在全球化的今天，您认为我们应当以什么样的心态走向未来？

周有光：我常说，要从世界看中国，不要从中国看世界。我们要有宏阔的视角，看待今天的社会。要走进世界，做一个21世纪的世界公民。现在已无法再梦想世外桃源了，只有认真学习地球村的交通规则。

改行的人生

记者：据我们所知，您对资本主义也有独到的见解吧？

周有光：在欧洲资本主义刚刚开始发展的时候，他们的发展是非常混乱的。资产阶级，在我看来，不单单是剥削人的一个群体，他们对人类历史的进步还有三大贡献：第一，创业能力；第二，管理能力；第三，发明能力。

记者：在20世纪50年代，您由一位经济学家转变为语言学家，之后又取得了突出的成就。您是如何实现这一转变的？

周有光：我原本是学习经济学的。上海解放后，我从国外回来，在复旦大学教经济学。一直到1955年冬天，中国召开了全国文字改革会议。这个会议要我参加，之后中央要我留下来，在新成立的语言文字改革委员会任职。当时我并没有想到要改行，改行完全是偶然的。但是既来之，则安之，我就把经济学完全丢掉，开始很认真地搞语言文字学。他们都问我为何改行，改行很难啊。这个是意料之外的。我在学生时代，对文字学很感兴趣，后来到了欧洲，我又学习了字母学。这些对我之后从事语言文字是很有用的。我们所受的教育叫"Library Education"，翻译过来就是"广识教育"，所以知识面是比较广博的。知识面大，知识面广，改行就比较容易了。

记者：既然当初就对语言文字如此感兴趣，那么为何不在大学专攻这一方面，而去学经济学呢？

周有光：我的父亲是一位古文字学家，他办了一个国学馆，规模不大，他自己就教授古文字。我周围的好多亲友，也有许多是从事文学的。我中学老师曾对我们说，中国不缺少文学家，但缺少经济学家，他说中国的发展在于经济建设。老师奉劝大家学习经济。所以，后来我就学了经济学。从经济学到语言学，这个转变我是想不到的，改行是偶然的。改行之后，1957年国家开始"反右"了。在上海，"反右"的两个重点，一个是资本家，许多资本家都自杀了。另一个群体是经济学家，许多经济学家也被打倒了。我的一个好朋友也自杀了，很晚我才知道他不在了。所以改行令我逃脱了"反右"批斗。

记者：社会上有一种声音，希望中国实行语言文字的拼音化。您如何看待这一现象？

周有光：拼音化分广义和狭义之分。广义就是指使用拼音字母。儿童通过拼音认识汉字，我们使用手机上的拼音输入汉字，这些都是广义上的拼音化。狭义是指废除汉字，完全使用拼音字母。这条道路是行不通的，不是不对，是做不到的。文字改革委员会成立以后，周总理做报告，他的报告就是我们起草的，里面主张：我们提倡拼音，但不提倡拼音代替汉字，而是提倡拼音帮助汉字。

记者：根据您一百多年的人生体验，您认为知识分子的最大道德是什么？

周有光：就四个字：独立思考。知识分子要学会独立思考，不要人云亦云，盲目跟着别人走。教育最重要的责任就是要培养学生的独立思考精神。

记者： 就像陈寅恪先生所说的：独立之精神，自由之思想。周先生，我们所设定的采访问题已经请教完了，但还有几个问题，是临时想出来的，想继续向您请教。

周有光： 欢迎！

记者： 据我了解，您曾经见过爱因斯坦。我们对两位杰出人物的相见很感兴趣，可否跟我们谈一谈你们相见的情景？

周有光： 我在美国的时候认识的爱因斯坦。有一个中国学者叫何廉，他是我的上司，也是我的朋友。何廉是普林斯顿大学的，抗战之后，何廉去普林斯顿大学做客座教授。而爱因斯坦也正好是那个学校的客座教授。当时，刚打完仗，设备还没有齐备，何廉告诉我说："爱因斯坦空闲得不得了，很愿意与人聊天，你愿不愿意去？"我说："当然愿意！"我们不住在一个地方，我就过去找爱因斯坦。

我们一共聊过两次，他的学问我不懂，我的行业他也不懂。所以，我们两人的聊天，就是普通聊天，不是学术聊天。因为是普通聊天，所以内容都忘掉了，如果是学术聊天，内容我当然会记得的。后来我的小辈听说我有这个重要的经历，问我怎么没有提及过，我说，你们觉得重要，可我觉得一点也不重要，当然没必要提了。爱因斯坦这个人很好，讲话很随便，这么伟大的科学家，一点架子都没有，好得很，人很好的。

记者： 尽管没有实质性收获，但这个经历真的很难得。今天，虽然您已经106岁高龄，但依然保持着清晰的思维、饱满的精神、硬朗的身体。您有何养生秘诀？

周有光： 我们在"文革"中，大家被下放到了"五七干校"。还有在许多运动中，你的一些主张说出来以后，有时人家会骂你胡说八道。经历了好多运动，也经历了好多议论，这就是我的一生。总结这一生，我认为养生之道有两点：第一，不要做对身体有害的事情。比如抽烟，抽烟对身体没有好处的，所以不要去抽；饮酒要适量，喝多了是伤身体的。第二，要胸襟宽阔。遇到困难要乐观，儒家就讲："猝然临之而不惊，无故加之而不怒。"

记者：这是苏东坡的《留侯论》吧？

周有光：对。我是受到了儒学的积极影响的。在运动中，受到迫害，不要生气，不要拿别人的错误惩罚自己，生气自己倒霉。还有一点需要注意，不要把财产看得太重。我的家庭里，我的曾祖父，做了官，回来办工场，他是很有钱的。后来，太平天国打到了常州，我的曾祖父是反对太平天国的，当然他们也讨厌我的曾祖父，我的曾祖父就投水而亡了。太平天国把我们家的工场都烧光了。没办法，我们不要生气，继续再搞嘛，生气不解决问题的。

后来，抗日战争时期，我们搬到了四川。八年抗战之后，我们回到家乡苏州，家里全部都被搞光了。这是第二次被搞光。第三次，"文革"时候，我们被下放到了宁夏，家里住着造反派，等我们回家以后，一片纸都没有了，我们一切都得重新来做。这是第三次被搞光。你不要太在乎物质的东西，穷就穷嘛。所以有人说我，干吗要回来，在美国多好啊。但我想，我不能只顾及个人的享受啊，还要为自己的国家建设服务。对于一个人而言，财富不是最重要的，学问才是。重学问，轻财产，这样你就会愉快。

所以，保持健康，一个要讲卫生，不要损害健康，另一个要胸襟宽大，不要对事情过于计较。其实我也不知道自己能活到106岁，有人问我为何可以我活到这个岁数，我开玩笑说：上帝太忙了，把我给忘了……

记者：您现在写作一直都在用电脑吗？不再用手写了吧？

周有光：我不再用手写了，退休之后在家就一直用电脑写作，我已经 25 年不手写了。我有两台电脑，一台大的，一台小的（实际上是一台智能打字机）。因为人年纪大了，写字不方便了。我用小电脑打字，我写得臭，电脑可以纠正我；我写得格式不准确，电脑也可以帮我改正掉。使用电脑，方便得不得了。所有的草稿，都是用电脑完成。

记者：现在每天都要写很多东西吗？

周有光：每天读书，然后用电脑做笔记。我目前每个月发表一篇文章的。

记者：不论是在电视上、网络上，还是今天见到您，您总是对大家乐呵呵的。我们终于看到了"不天真时代的天真老人"，您的"天真"，真的名副其实。祝您更健康、更开心。谢谢您接受我们的专访。

周有光：很高兴你们来！我的讲话，是我一个人的思考。你们听我的话，也要经过思考，来批判地接受。

回归文明的常识

陈　芳

9月22日，由金汇俱乐部、博源基金会联合主办的"回归常识——周有光文集出版研讨会"将在上海举办。近日，金汇俱乐部、博源基金会专访了中国著名的语言学家、文字学家、经济学家周有光。

周有光先生108岁，历经百年沧桑期间，从未曾间断过为人民工作，为国家前途而思考。他杰出的工作被浓缩在15卷本《周有光文集》之中，向世人展示了50岁以后，周有光从一个经济学家改行后，作为一个卓越的中国学者在文字学和文化史、思想史研究方面的丰硕成果。

周有光先生是一个真正称得上对中国人、中国的现代化做出了巨大贡献的杰出专家。他以宽广的胸怀和丰富的知识成为这个嘈杂的世界里清澈的思想源流，让我们有可能沐浴其中，尽享其人生智慧带来的启蒙和启迪。

以下为访谈实录：

主持人：第一个问题就是说我们这次座谈会的题目是"回归文明的常识"。现代社会文明冲突比较多，难以达成共识，而文明社会达成共识的基础是社会各个阶层都具备常识。对于文明的常识您的理解是什么？

周有光：常识就是自然科学和社会科学的最最基本的知识，这是一点。第二点，自然科学和社会科学是一元性的。

怎么样回到常识这条路上？社会常识的路是一条有规律的道路，比如运动会里面（赛跑），（一个人）有一个跑道，没有两个跑道的，你不走（跑）这个跑道走（跑到）另外一条跑道，自己会发现错误了，遇到错误了就会改。所以孟夫子讲得对，是非之心人皆有知，哪个是对的哪个是错的，每个人都天然有这个辨别能力的，可是为什么许多人做错呢？因为短时间往往他看错了，长时间容易看到。可是普通人看不到长时间，普通人他要碰了钉子就回头了，所谓碰了墙壁走不过去了就转弯了。

主持人：在您的作品里面经常提到，您研究的是湍急的河流的下一层，那也就是说您在研究这个河流的规律性的东西。但在社会科学里面是不是有规律性的东西可循，对这个规律，您的理解是什么样的？

周有光：根据我的了解，世界范围内的自然现象和社会现象都是有规律的，整个宇宙是一个有规律性的系统，没有规律这是一种错误的看法。拿河流来比较，河流上面波浪乱得不得了，好像没有规律的，所以我说要在河流底下来看，就会很清楚是有规律的，规律是宇宙的基本原则。譬如万有引力，这是自然科学的规律，是很重要的，万有引力是到处都有的。第二条，最重要的是，整个宇宙是一个有规律的系统，没有规律的看法那是浅薄的看法。

主持人：您刚才提到历史的发展终究还是（要）回到它的规律上面去，但是现在呢，在当前的社会下面，反规律的东西或者说违背常识的洪流习惯性的力量非常大，利益也非常大，很难纠正过来。您觉得这个东西是等它自己纠正过来呢，还是需要有人去有意识地引导它呢？

周有光：改革开放以后我们做了许多改革，那是很对的，但是呢，还有好多没有改。还有一个观念就是没有世界观，没有从全世界来看。

主持人： 第三个问题，您有一句名言，是要站在世界的角度来看中国，而不要站在中国的角度来看世界。这是第三个问题，作为一个地球村的村民要自我不断地教育，打开视野扩大视野补充常识。那这两条是不是作为对中国启蒙教育的两个必要条件，也是很重要的，扩大视野和补充常识。

周有光： 要从世界来看中国，不要从中国来看世界，这是一个基本原理。要从世界看，一切事物就是扩大视野，你扩大视野以后就会看到，对于欧亚大陆来讲有四大文明系统，这四大文明系统之外呢，有一个不分地区的全世界性的现代文化，一个世界性的国际性的文化，我提出双文化论，双文化论主要讲欧亚大陆有四个传统文化，包括东亚的传统文化主要是儒学，南亚的传统文化主要是印度的传统文学，还有西亚的主要是伊斯兰教，还有一个西方的，这是最进步的，它现在影响全世界。西方它是经过文艺复兴、启蒙教育这两大运动，所以它跑到前面去了。这四大传统的相互影响，越到后面越厉害，最近三百年的影响是非常深刻的，形成一种新的文化，不分地区的世界性的，这叫现代文化，这个现代文化是国际性的，所以上面也是国际性的现代文化，下面四个角，差不多等于一张桌子。大概的情况就是这样子。

对当代知识分子的希望

主持人： 您对当代的有担当的知识分子有什么希望，有什么寄言没有？

周有光： 主义往往被看成是一种信仰，只去信仰不去怀疑，这跟学术是完全两条路，学术希望你批评我，希望你来说我的错处，批评是学术的养料，没有批评学术就不能进步了，所以外国人讲学术进步的一个规律叫尝试与错误，一方面尝试一方面错，错了就改，再发现错误再改，避免这样的事，尝试与错误是在这个道路上同时进行的。可是只去信仰不去怀疑，那整个科学就没有了。"

语言文字的改革

主持人：能否请您为我们阐述一下，中国语言文字改革未来方向，难点和困难，以及需要注意的地方？

周有光：中国是一个古老国家，这个古老文明是了不起的，到了现在需要现代化，中国现代化是清朝晚年开始的，有政治方面的现代化，帝国变成民国，有经济范围的现代化，有文化方面的现代化。在文化方面的现代化最重要就是语言文字的现代化，语言文字的现代化这个工作是中国现代化的一个方面里面的一项重要工作，这个工作是清朝末期提出来的，到现在差不多一百年，现在我们定了一个法律叫作《中华人民共和国国家通用语言文字法》，这个法定得很好，这个法可以说它是把中国语言现代化的第一个阶段告一段落，有法律，由教育部来推广，这一百年当中很多研究的成果都在法律里面推广了，主要是四个方面：第一，是语言要共同化，要普通化；第二，文体要白化，要口语化这是白话文运动；第三，文字要简明化，这就是简化字运动；第四，标音要字母化，这就是汉语拼音。这四个主要的内容，已经可以说是一个段落完成了，内容都在法律里面讲得很清楚，今天教育部推广这个东西。将来进一步研究，进一步研究更是要从世界来看，否则你就看不清楚问题了。

主持人：现在有一个问题，我们对简体和繁体现在有了新的认识，有了简体跟繁体的风格，大陆、台湾地区和香港地区使用不同的语言文字体系。

周有光：大陆、香港、台湾这三个地方，大小不是平衡的，关系也不是平衡的，发展也不是平衡的。从文字改革运动来讲，是大陆跑在前面，香港、台湾跑在后面了，是这么一个情况。大陆语文现代化的运动现在告一段落，本来中国是几个大方言，我读书的时候都是说方言，我能背古书都是方言的，用普通话来背我还不会背。这么大的一个国家有那么多方言，在外国，我是上海人，碰到了福建人和广东人，（以前）我们三个人不能讲（中国）话（交流），要讲英语。今天的情况已经很不一样了，这件事情不是一件容易的事情，这件事情搞了一百年。所以在语言文字改革方面呢，跑在前面了。这个语言文字方面的工作不是跟党派有关系，而跟国家有关系，是清朝末期到后来的国民党、共产党一路下来的，跟党派没有关系，不是因为党派而变更的，这件工作在大陆上面因为有一个文改会专门搞这个工作，所以跑在前面了。

那么他们反对简体，认为繁体是正体，简化字不是正体，这个讲法不符合历史事实。因为中国有几千年的文化，每一个历史阶段都是用当代的字体来写古文的，大家都知道汉代发现了古文大家都不认识了，汉代就开始用当时的金文来写古书的，古书都是根据当代的文字来写来翻译，继承这个内容不是继承形式，是这么一个情况，很多人不了解。所以台湾是要把汉字正体字拿到联合国去作为申遗，我说让他去申个遗吧，这个事情没有多大意思的，所以是这么一个情况。因为假如你到台湾你会感觉到台湾是看不起大陆的，香港也看不起大陆，新中国成立之前我家就住在香港嘛，香港人就看不起大陆。它们有做得对的方面，（也）有做错的方面，可是在这个问题他们是错的，我们是规规矩矩走出来的。所以我们四方面的成功是影响很大的，白话文没有人反对了，简化字还有人反对。

主持人：现在基本上都用汉语拼音了，包括在美国的唐人街都在用。也有（人）觉得文字毕竟（是）音形义结合的，但是推广拼音化之后造成文化的流失。

周有光：香港、台湾没有这样的研究力量，在文言文到白话文过程当中他们断代了，我们是持续做下去了。汉语拼音最初台湾是反对的，后来马英九有眼光，马英九主张采用汉语拼音，他说我们如果另外搞一种拼音自己说服自己,就是自己孤立自己,马英九还是有眼光的,所以台湾现在虽然还没有完全用,可是基本上已经也用汉语拼音了。

什么叫拼音化?拼音化有广义狭义的,广义的拼音化已经有了,狭义的拼音化我们不走,周总理的报告,我们给他写的,里面讲得很清楚,我们搞拼音是用拼音来帮助汉字,不是用拼音来代替汉字。有许多学者提出要拼音代替汉字,学术研究是可以的,国家的政策没有这种制订方案。为什么呢?至少定一百年是不可能的,许多人说五百年都不一定可能。所以我们用拼音帮助汉字是大家都赞成的,让拼音代替汉字,此路不通。

展望未来中国

主持人: 您对中国的未来乐观吗?

周有光: 资中筠说她很悲观,我说我很乐观,为什么呢?整个世界在前进,现在是全球化进步快得不得了,中国不可能不进步,今天你不走明天还是要走的,世界的道路只有一条,所以我是乐观的。

主持人: 现在很多经济学家对中国未来的经济改革很不乐观。

周有光: 因为我们还没有完全走上轨道,可是我认为一旦走上轨道,人家都走,最早是三百年,为什么三百年?清朝不是统治我们三百年吗?如果快呢,根据外国人的研究情况三十年也可以,反正要走上轨道,你不可能不走上轨道。

百岁智者的幸福秘籍

翟永存

长寿秘诀，健脑很重要

记者： 106 岁还能著书立说。您是怎样养生的呢？

周有光： 我也说不清，可是我相信不要生气。因为，外国一位哲学家说："生气是用别人的错误来惩罚自己。"这是完全对的。

记者： 饮食有什么习惯吗？

周有光： 其实不过是白菜豆腐牛奶，最普通的东西。我从不吃任何保健品，人家送了什么补品，我也不吃。

记者： 您以前爱好运动吗？

周有光： 以前还散步，现在基本不下楼。不过，几个房间都有高高低低的书架，每天找书搬书"运动"。把看完用完的各类图书放回原处也是一种体力活。古人有一个叫陶侃的以搬砖锻炼身体，我自嘲：陶侃搬砖，周有光搬书。

人总是注意锻炼肌肉而不太注意锻炼头脑，不太动脑筋，脑子坏了，身体再好也没有用。

和朋友聊天是很好的健脑方式。我现在都老得出不了远门了，只好把青年朋友请进家来。我最喜欢和小朋友讨论时政新闻，每天必读《参考消息》，晚上看电视新闻。

"举一问三"也是我健脑的秘籍。这还是读大学时，外籍老师教的读报方法——今天哪条新闻最重要？为什么？这新闻的背景是什么？不明白的就去翻《大不列颠百科全书》。此后，我坚持此读报法80年不变，获益匪浅。进入晚年后，记忆和理解能力不减，恐怕与每天不断接受大量信息有关。

记者： 您都读什么书？

周有光： 我是"被动读书"——现在已不能去书店挑书，国内外的亲朋好友纷纷寄书来，人家送什么书就读什么书。每天除了看中文报刊，还订了英文期刊。我习惯用放大镜，一边认真读，一边圈圈点点，并写些读书笔记——对时政的思考，也是写作的重要素材。像苏联为何解体，美国何以长盛不衰，为什么大同是理想小康是现实等等，都是我研究的问题。

结婚 70 年不吵架

记者： 您婚姻美满幸福70年，有什么秘诀吗？

周有光： 结婚70年，几乎不吵架。亲戚经常向周家保姆询问老两口是否吵架。其实我们也有吵架，不过我们吵架不会高声谩骂，不会让保姆听到的，也没有闹几个小时的，一般是三两句话就吵完了。还有一点，我们吵架通常不是为了两个人的问题，而是因为其他人的问题。的确，我们的婚姻生活是很和谐的。到了北京，一直到我老伴去世，我们每天上午10点钟喝茶，有的时候也喝咖啡，吃一点小点心。喝茶的时候,我们两个"举杯齐眉"——碰一下杯子,这个小动作让生活更有趣,更是双方互相敬重的一种表达。下午三四点钟,我们又喝茶,又"举杯齐眉"。夫妇间只有爱没有敬不行,有敬有爱才能家庭和谐。

采　访

和百岁老人周有光聊天

范炎培

2005年6月7日下午,我嫂洪基(常州先贤洪亮吉八世孙,北京昌平师范退休教师,洪基的名字亦由我国著名的戏剧家洪深所题)和我来到北京朝内大街胡同里一幢普通的公寓楼。在楼下一位年轻的妇女冲着洪基叫阿姨,那是周有光先生家的保姆小田,由于洪基以前曾经来过周老家,并教小田做"常州菜",小田自然就和洪基熟悉了。上了三楼,走进周老的家,那是普通的两大两小四居室的公寓房,灰白色的墙壁,水泥地坪,没有豪华的装修,没有豪华的电器,没有豪华的家具,一切都显得很平常,是平常得再也不能平常的一个普通老百姓的家。先生午睡尚未起身,我随洪基坐在周老简陋的书房。书房北窗前是一张油漆斑驳、又旧又小的简易办公桌(这样的办公桌在我们常州农村小学都早已被淘汰了),桌前放一张简便椅子,东墙边放一张旧的三人沙发,旁边放着两张小圆凳及一张方凳(常州人称"骨牌凳"),南墙房门边和西墙边则是两架大书橱,里面放满了各种各样的书籍和资料,当然这大都是周老先生的著作。

不一会儿百岁老人步履稳健地来到书房,乍一见面怎么也不会相信这就是百岁老人,周老个子不高,慈眉善目,红光满面,肤色白里透红,皮肤光滑,很少皱纹,从外表看顶多是八十多岁,不说真实年龄,谁会相信这就是百岁老人呢。周老说话有力，风趣幽默："噢，是洪状元的后人来了（注：洪亮吉是清乾隆年间一甲第二名进士，是榜眼，而非状元）。"我从包里拿出从常州带来的咸菜、萝卜干、大麻糕、素火腿送给周老先生。我们的谈话也就从常州的萝卜干、咸菜开始，这情景完全是我们常州人邻里之间"串门""讲空话"一样。老人见了这么多常州土产，连声称谢，忙说上次洪基送来的咸菜还没吃完（是舍不得一下子就吃完），这一次又可以吃一阵了。老人思念家乡的咸菜、萝卜干，这也是一种思乡情结吧。

我们坐在周老的书房就很自然地谈到老人的学术著作，百岁老人思路敏捷，条理清晰，年届百岁，还有电视台和报社的记者前来采访和外出讲学。

2004年12月25日，周老应邀到中国现代文学馆做比较文字的讲座，共讲了三个小时，听讲座的学生当场用纸条提问（周老因年龄关系，听力较差）；老先生一一都做了详尽的回答。书房墙上挂着的一幅大照片就是周老当时做讲座时拍的，在2005年1月周老又做了一次讲学。老人有两本在大学的讲义，也都翻译成两种外文，其中中文对照版《中国语文的时代演进》是厚厚的一本书，由张立青教授花了四年的时间译成，在大学里做课本用。

周老先生很健谈，谈话中觉得热了，脱去了穿着的背心（马甲），依然兴致很高地谈笑着。在谈笑中，周老几次起身走进另一房间，先后拿出五本书，其中包括他自己的《21世纪的华语和华人》《最后的闺秀》《浪花集》，后两本为周老夫人张允和著。

周老提笔在书的扉页上写下"基姊惠存，周有光代张允和赠，2005-06-07，北京"。洪基和我连忙提出："怎么好称'基姊'？"周老笑道："天堂里是不讲年龄的，一位记者到天堂里去采访祖孙二人，发现爷爷比孙子年轻，原来在人间时爷爷活的岁数比孙子小，故而在天堂里爷爷就比孙子年轻了。"周老一番幽默的故事，引起了我们的大笑。

《百岁新稿》和《现代文化的冲击波》这两本是周老送给我的，周老提笔端端正正写下："炎培先生指正，周有光，2005-06-07，时年100岁。"这使我受宠若惊，我怎敢对大师的作品指正呢。我和洪基连忙提出不能写指正，周老先生说："做学问要虚心听取不同的意见，我的得意门生就是敢于提出不同意见的人。"我把从常州带去的《周有光语言论文集》从包中拿出，请周老题词，周老欣然提笔写道："中国的语言和文字必须不断进行自我完善化，紧跟着瞬息万变的历史步伐，向信息化时代前进。"题词是应我的要求写在书的封二上，周老又在书的扉页上写上"炎培先生指正"，真是惭愧，又是"指正"。

　　周老耳背，和我们谈话需要戴助听器，自称"年纪大了，耳朵老化了"。周老年少时家道中落，后移居苏州和上海，因从小生活在讲常州话的家庭中，所以听得懂常州话。周老常年漂泊在外，夫人又是合肥人，故自称讲话"南腔北调"，对我们讲的也是"常州普通话"："常州话讲不好了。在大学里有位教师把我的谈话录了音，作为'吴语普通话'的听力教材，我听了自己的录音，浓重的常州土腔，实在难听！"周老得知我写《常州方言》，说："现在是双语社会，我们在国际上双语是汉语和英语，在国内的双语是普通话和方言，在家可以讲方言，在外面要讲普通话，方言可以作为一种学术文化去研究。"

　　讲到常州的赵元任先生，周老崇敬地说："赵先生的学问很了不起，是我的老师。"虽没有直接成为赵先生的学生，但周老年轻时在美国学习，常常到赵先生处请教，赵先生很幽默地称周老的夫人张允和讲话是"半精（北京）半肥（合肥）"。《赵元任全集》出版前，曾有人找周老作序，周老说赵元任是语言大师，序言是不容易写的。周老建议去找赵元任在美国的大女儿赵如兰，周老夫人张允和的小妹张充和在美国与赵如兰私交甚笃。

　　周老拿出由常州政协编写的《魅力常州》一书，指着书中市河的图片讲，小时候住在青果巷，记得后窗外是运河，可以看到来往的船只,有的船头两边画着眼睛,是海船。周老特别回忆起在月光下船上撒网捕鱼的景象,九十多年过去了现在还依稀在目。周老动情地讲道:"纪念瞿秋白就义50周年的活动中(注:1985年),我受邀回常州,住在白荡宾馆。好多年了,现医生不允许我出门,不然还想回常州看看。"在七八月份,原圣约翰大学(现复旦大学)举行全球校友联谊活动,在新加坡上豪华游轮,然后乘船到世界其他地方,边游玩边畅叙同学情谊,每人需交八千美元。周老笑道:"我连八百美元也拿不出,校友说:'只要你肯去,不要你出一分钱。'"但周老年纪大了,医生和家人都不同意周老外出。

周老书架上有一套《大不列颠百科全书》,书中的中方编委编审有刘尊棋、钱伟长、周有光,美方有吉布尼、索乐文(曾任美国副国务卿)、金斯伯。六个人组成中美联合编审委员会,该书于1985年6月出版。周老说:"这是中美建交后在文化史上的一件大事,是一件有意义的工作。"周老同时讲起常州人姜椿方任总编辑,负责《中国大百科全书》的编写工作,是很了不起的事,《魅力常州》一书中没有收录,是个遗憾。

周老在新中国成立初期毅然回国,当时新中国刚成立,那时在国外的知识分子感到新中国有希望,回国参加祖国建设的热情很高。回国后他在复旦大学教经济学,1955年参加全国文字改革会议后调往北京,改做文字语言工作了。

周老笑道:"我逃过了'反右'的劫难,是我命大运气好,留在上海搞经济的很多同事都成了右派。"他接着说:"我再讲一个'笑话'你们听听,'文革'中我下放宁夏劳动,'林彪事件'后和一些老知识分子一起回到北京,在家'不得乱说乱动'。1979年有位领导找我,叫我到欧洲去参加一个什么学术活动,这是国外指名邀请我参加的,并叫我去购买衣裤皮鞋,言明回国后要上交的。到了飞机场,我口袋里没有一分钱,那位领导讲既然是外国人邀请你,就让外国人出钞票吧。我身无分文，勇敢地登上飞机。以后就经常有外国学者专家邀请我到国外去参加有关学术活动。"周老很平淡地讲着他亲身经历的"笑话"，我们听了只是感到心情十分沉重，哪里还笑得起来。

周老一生淡泊名利，心态平和，遇事不管大小都坦然处之，这是周老的长寿秘诀之一。周老当场亲笔手书《古文观止》一书中的"卒然临之而不惊，无故加之而不怒"，并对我们讲述遇事要坦然处之的道理。周老说："国外有位哲学家说过：'不要生气，生气是用人家的错误来责备自己，这对身体有害。'怎样才能不生气，就是要思考大问题，不想小事体，我100岁了，只管大事。别人说吃小亏占大便宜，我是吃小亏，不要占便宜。"周老的话引起了我们的哄堂大笑。

《北京晚报》载文《周有光的陋室铭》，上面刊登了周老自制的"陋室铭"。文中提到：周有光之所以能够活到100岁，主要原因是他始终"有一个明确的目标"。三联书店最近刚出版了一本奇书，叫作《百岁新稿》，书的作者就是周有光。人们所以称它为"奇书"，就是因为这都是周有光90岁以后写的作品。一个人到了90岁，还能读书，还能思考，还能写作，还能结集出书，堪称是一件奇事。而且周有光还说，这是他的第27本书，但不是他的最后一本书。"朝闻道，夕死可矣"，这就是周有光最好的长生不老滋补品。还有就是心静。白居易说："自静其心延寿命，无求于物长精神。"周有光是《汉语拼音方案》的主要创制人之一，也是中国语言学的权威，但他从来不居功自傲，更不争权力、要待遇。他总能够居于陋室，安于陋室，无求于物，自静其心。

周老平时每顿吃一小碗饭，常吃青菜、豆腐、鸡蛋、牛奶，从不刻意所谓的保养身体，不吃补品，周老自述生活要平淡稳定，吃东西不要过分，不要老吃所谓的山珍海味，要吃家常便饭，吃青菜豆腐，就是赴宴会也不要多吃。周老讲，人的一生从1—100岁，就是一个曲线，周老边讲边用笔在纸上画着曲线图，1—10岁是快速生长期，10—20岁是智力开发、学习的时期，20—80岁是人生工作的最佳时期，80岁以后开始衰老，80—90岁是智力衰退期，90—100岁是到了退化期，可是周老100岁时，还坚持写作，头脑清晰，思维敏捷，步履稳健，真是奇迹啊。百岁老人平时也带了轮椅，到外面去走走转转，活动活动，走不动了，就坐轮椅，当然这是由保姆护理着的。

在与周老谈话时，洪基信手翻阅着张允和、张兆和姐妹的《浪花集》，看到周有光、张允和夫妇与沈从文、张兆和夫妇的家庭摄影照片，连忙问："周老你和沈从文先生是连襟？"周老笑道："是的，我们是亲戚。"的确，书中有多张周老与夫人张允和以及弟妹们的家庭成员的合影。周老的夫人张允和有四个姐妹和六个弟弟，共计十人，在国内外都从事与文化知识有关的工作。

不知不觉和百岁老人聊天已有两个多小时了，我们怕周老累着，便告辞。此时的周老谈兴正浓，完全不像百岁老人，看他高兴的劲头，倒像是个顽童，周老坚持要送我们到门口。

和周老聊天，受益匪浅，但由于时间关系，总觉得意犹未尽。

时隔两天，6月10日上午我又到周老家去串门，我住北三环安贞桥附近，由于交通的缘故，到周老家已错过了约定的时间。周老说："你迟到了，我停了上午打字的工作，专门在家等你。"我很不好意思，连忙道歉。

我们的话题因此转到了周老用打字机写作，周老对用打字机写作赞不绝口，周老说："我每天都用打字机写作，比手工快5倍。"说着拉开办公桌抽屉，只见里面放着很多电脑软盘，周老随手拿出一张软盘说："这就是一本书。"又拿出两张说："一部大的书，需要二张软盘。"周老讲中国很多人一不会速记，二不会打字，吃亏了！在国外打字很普遍，并希望我们不要"爬格子"，要用电脑写作。周老说："我使用'双打全拼'在电脑上写文章，不用草稿纸已经十几年了，我是'想打'，想什么就打什么，得心应手，灵活自如，一点也不慢；有的人是看着别人的文稿打，那是'看打'，是打字员。"

周老问起了我的工作情况，我答道："原来当教师，现在已退休了。"周老对我说："写东西要通俗化，要让人家看懂，要花工夫。"他用常州话说："我是85岁退休离开办公室，我gou（常州方言'占'的意思）着位子，年轻人就上不来。"

周老退回家就以看书、写文章为消遣。1988年4月，日本夏普公司送来一部根据周有光提出的"从拼音到汉字自动变换不用编码"的设想而研制出的电脑文字处理机，给周有光先生试用。自此周老开始每天用电脑写作，用了七年之后，那台电脑有些老了，儿子给他买了一台新的便携式电脑打字机。周老给这种电脑起了个爱称叫"傻瓜电脑"，用"双打全拼"输入中文，比手写"爬格子"快5倍，一天可做6天的工作。周老又讲："我的老伴张允和热爱昆曲和古典文学，对拼音和电脑不感兴趣，以前只有一台电脑，周老自己每天打个不停。1995年儿子买了台新电脑后，她利用旧的一台电脑学习打字。她是合肥人，说普通话带合肥口音，她觉得只要别人听得懂，说普通话不要太认真，可是电脑却很认真，听不懂她的'半精半肥'，拼音差一点就无法变成汉字。她常常要查字典，86岁的老太太学电脑、学打字，把她二十多年来的昆曲笔记全部整理出来。"

周老是闲不住的人，2005年1月，周有光的《百岁新稿》出版，他在自序中写道："学而不思则盲，思而不学则聋；朝闻道，夕死可矣，这是最好的长生不老滋补品；希望《百岁新稿》不是我的最后一本书。"

（本文于2005年7月8日和7月15日在《常州晚报》分上下两次刊登）

再访百岁老人周有光

范炎培

《常州日报》编者按:《汉语拼音方案》1958年2月11日由第一届全国人大五次会议通过,今年是它诞生50周年。为此特发表汉语拼音主要制定者、出生在常州青果巷的102岁的周有光老人的采访记,以飨读者,让常州的乡亲得以了解周老的近况。

由于对常州方言的研究爱好,我得以有缘结识著名的语言文字学家百岁老人周有光先生。2007年10月24日时近中午,我又一次拜访了周老。小车在北京"后拐棒"大院值班室前停下,值班保安问:"找谁?""周有光。"我简单而有力地回答。保安用手一指方向:"一门。"在这儿无须多言,大家都知道大院里住着一个可敬可爱的百岁老人周有光。

熟门熟路我走进一门上三楼,按响门铃,"谁呀?"那是保姆小田的声音。"是我,常州来的。""常州老家有人来啦!"随着话音南侧内房走出一位头发花白七十多岁、戴着眼镜的、斯斯文文的一位学者,那是周有光的儿子周晓平先生。

我随晓平先生进入周老的小书房,书房里暖气融融,周老正斜躺在沙发上闭目养神,周晓平先生凑近周老说:"老家有人来看你啦!"在儿子的搀扶下,周老慢慢站立起来,笑眯眯地打量着我,我上前一步说道:"周老,我是常州来的,还记得我吗?"此时周老露出孩童般的灿烂笑容,连声说:"记得!记得!快请坐。"我拿出盒装的常州大麻糕和素火腿说:"带一点家乡的土产给你,周老身体好吗?""好,好,谢谢。"周老一边调整着助听器一边说:"耳朵聋了,真是麻烦。"

在周老整理助听器的空当儿,我细细打量周老:仍是那样的慈祥,面色白里透红,面部很少皱纹,精神和气色都不错,根本看不出已是102岁的老人。

"最近常州的报纸刊登你年轻时候在常州中学念书的一些往事,还有你年轻时候的照片。"(周晓平先生在一旁提醒我讲话的速度慢一些,可以给周老一些思考的余地。)"常州中学建校100周年,要搞一个盛大的庆祝活动,周老要是能回常州就好了。"

周老笑着说:"我是回不去了,屠家一家要去常州,全家在常州聚会(注:屠家和周家是亲戚)。在清朝的时候,屠元博(省常中第一任校长)回到常州搞教育,屠元博在日本留学的时候就把辫子剪掉了,在清朝没有辫子是要杀头的,他是头戴瓜皮小帽,装了一条假辫子,搞秘密活动。他白天在家里,晚上是一顶青衣小轿,到各处活动。小时候常常听老一辈的人讲起这些事情。"

此时我拿出我的著作《常州闲话》(上面有周老为该书的题词和2005年为周老拍的照片),请周老指教,周老看着书说:"常州闲话,很好,很好。闲话就是讲空话聊天吧?""是的,"我答道,"聊的是常州方言与地方文化。"周老翻开书,看到书中赵元任的照片说:"赵先生是我们常州人,很了不起。"看到照片下面刊印有赵元任说过的一句话:"我以前写过常州方言,别人以为常州话不好听,我却以为很好听。"周老笑着说:"方言都是好听的,方言好听不好听,全凭个人印象讲话。"

当周老看到钱瑟之先生戏套用唐诗特地为《常州闲话》所作的一首《题常州闲话》时,不觉用常州口音低声吟唱:"中岁离家晚岁回,乡音尚在鬓毛衰。读君闲说常州话，犹愿从头学语来。"读罢连说："好极了！好极了！写得好。"周老用放大镜看着下面的小字，知道钱瑟之的祖父就是钱名山时，说："名山非常有名，学问很大，在清朝的时候考取进士。以前苏州、常州一带是历代文化中心，常州、苏州在几百年的科举中是状元最多的地方，夫子庙里有状元的记录（注：北京夫子庙有历代科举三甲名录古碑石）。清朝有一个故事很有意思，考状元时第一名又是常州人，乾隆皇帝说陕西多年来没有状元，常州状元很多了，就换一换吧，结果把第一名的常州人（赵翼）和第三名的陕西人（王杰）调换了一下。"

周老看到常州 92 岁的老画家缪宏为《常州闲话》所作的国画《似曾相识燕归来》时，说："92 岁画画不容易，画得好，画得好。"周老一边随意翻阅浏览着《常州闲话》一边说："你这本书很有意思，好多话都是熟悉的，我要慢慢地细细地看看。"当周老翻到《馒头与麻糕》一文时笑呵呵地说："麻糕！哈哈，真有意思。我在参加瞿秋白纪念活动的时候（1985 年）回到常州，就要吃麻糕。非常好，非常好，就需要有这样的书。"

在书中看到盛宣怀故居照片时说："盛杏生（盛宣怀字杏荪，又字杏生）是我们的亲戚。我小时候常常到一个干妈家去，是祖母的娘家侄女，嫁到恽家。小时候每年都要去很多次，干妈很喜欢我，说你们周家男孩太少了，叫我不要跟周家排名，跟恽家排名，干妈给我题名叫福耀，进小学读书时，我父亲说周福耀名字太俗气，去福单名叫周耀，以后流行双名叫周耀平，中年写作时用'有光'作笔名，周有光的名字一直用到现在。12 岁时我家搬到苏州，以后又到上海，后来到了国外，离开常州越走越远，没有机会回来，就在纪念瞿秋白的时候回到常州一次。"我说："周老你要是能回常州看看该多好啊，现在常州的变化很大，在青果巷古运河边还有周家老房子。"周老笑着说："赵元任家也在青果巷，就在我家对面，我们是明朝的老房子，他们是清代的房子，比我们的新。"在一旁的周晓平先生插话："我出生在上海，没有去过常州。"

"欢迎你们到家乡来看看，家乡人对周老很崇拜。2005 年我拜访周老的文章《和百岁老人周有光聊天》在《常州晚报》上发表后，读者的反响很好。"我对周晓平先生说："我把这篇文章和周老的照片放在'中国常州网'我的博客上，也引起网友很大的兴趣，就连浙江宁波外国语学院的网站也转载了我这篇文章。"

周老起身到书架上拿出一本《常州名人传记》，说上面有他四张照片和介绍他的文章。我对周晓平先生建议："周老一生经历丰富，建树颇多，贡献很大，趁着周老健在，可以为周老作传记，也可以为后人留下一笔精神财富。"晓平说："父亲一生低调，淡泊名利，不愿写传。"不过周晓平一直注意对有关周老的文章资料进行收集保存。

在周老的书桌上放着一封刊登在《光明日报》上的"中国人民大学吴玉章基金会"的来信公告，《周有光语文论文集》（四卷本）被评为"第五届吴玉章人文社会科学奖"特等奖，在获奖人名单中，周有光的名字赫然排在第一位。周老说："我是忽然收到来信，预先一点儿也不知道。"

明年是《汉语拼音方案》公布 50 周年，为了纪念这一具有划时代意义的事件，中央电视台已经在拍摄有关电视，国家有关部门准备在明年搞一个纪念活动。五十多年前由周有光亲自参与主持制订的《汉语拼音方案》，从 1955 年提出"草案初稿"，历经三年，到 1958 年 2 月 11 日全国人民代表大会通过。周有光被尊称为"汉语拼音之父"，朋友们帮周有光从过去五十年间所写的有关汉语拼音的文章中精心挑选了五十篇，结集成册，取名为《汉语拼音文化津梁》。"五十年来，汉语拼音的应用扩大，快速惊人。原来主要运用于教育领域，现在显著地运用于工商业领域；原来主要是小学的识字工具，现在广泛地发展为信息传输的媒介；原来是国内的文化钥匙，现在延伸成为国际的文化桥梁。"如今从学校到社会,从商业广告到商标名称,从手机短信到电脑传输,直到美国国会图书馆七十万部中文书籍的编制索引,都用上了汉语拼音,汉语拼音已经普遍传开,无处不在。1979年4月,波兰举办国际标准化组织第46技术委员会(ISO/TC46)第18届全会,这个技术委员会宗旨是在国际范围内开展与图书馆、情报、档案和出版业务有关的文献工作的标准化,中国代表首次参加会议,提议《汉语拼音方案》作为拼写汉语的国际标准,周有光在会议上作了题为"汉语的罗马字母拼写法:历史发展和汉语拼音方案"的发言。1982年国际标准化组织(ISO)审查和通过汉语拼音方案作为拼写汉语的国际标准。

"周老是我国迄今最为长寿的语言文字学家,在海内外享有盛誉。周老的一生,几乎走过了整个20世纪,经历了祖国从衰弱到奋起、新生和复兴的全过程。"周老早年从事经济学,以后专职从事语言文字工作,在美国国会图书馆同时收藏了周有光两个不同领域的著作。作为敬献给"世纪老人"周有光先生102岁华诞的一份珍贵的贺礼,由教育部王铁琨先生主持编辑,汇集了我国很多专家学者的著文以及在"庆贺周有光先生百龄华诞座谈会"的发言贺词照片,由周老妻妹张充和女士手书"一生有光"为书名的《一生有光——周有光先生百年寿辰纪念文集》,2007年1月由语文出版社出版。

每次去拜访周老,我都有很大收获,不仅能亲耳聆听到周老亲切的教诲,而且总是满载而归。周老从书架上拿出两本书,一本是《汉语拼音文化津梁》,周老端端正正写上"炎培先生指正,周有光,2007-10-24,时年102岁"。我笑着对周晓平先生说:"又是指正,真不敢当。"周先生说:"凡是父亲自己的著作送人,他都写上指正。"果然,第二本书《一生有光——周有光先生百年寿辰纪念文集》,周老苍劲有力地写上"炎培乡亲留念,周有光,2007-10-24,时年102岁"。

不知不觉和周老已经交谈了一个多小时,我怕周老累着,决定明天再来拜访。起身告辞,周晓平先生为我和周老拍照留念,拜别周老父子,周老照例还是很客气地亲自送我到门口。

10月25日下午3点钟,我又一次走进周老的书房,此时周老午休尚未起身,趁着等候的间歇,我浏览了周老的书架,书架上满是各式书籍和资料,当然大都是有关语言文字方面的,无意中在书架上看到中国博物馆给周老的"收藏证书"。哦,周老把《世界文字发展史》的打字稿赠送给了中国博物馆。还有一张"聘书",是汉语国际推广研究中心聘请周老担任顾问。

不多一会儿,周老来到书房,对我说:"你的书我昨天就看了,很好,里面的许多常州话我都知道,我从小都是这么讲的。"周老说着翻开《常州闲话》,只见在书扉页上周老用红笔写着:"2007－10－24,作者来京赠有光。"书中很多词语和句子周老都用红笔划了起来,甚至还用红笔把书中的错字纠正过来。想不到国内外著名的语言文字学大专家,竟会对我这个仅是业余的方言研究爱好者、一个普通退休教师的"作品"如此看重和厚爱,不由得使我万分感动。

"明年11月'第五届国际吴方言学术研讨会'将在常州召开,很多国内外的专家都要到常州来,那时周老要是能回常州该多好啊,"我说,"这次会议也是对赵元任先生《现代吴语的研究》发表80周年的纪念。"周老听了很高兴,说:"赵先生的那本书有划时代的意义,那本书我在青年时代翻来覆去地看,都看得熟了。"我告诉周老:"现在常州政府对方言研究保护比以前重视多了,组织一套班子正在编写《常州方言丛书》,到时我把书送到北京来,请周老指教。常州还在开展'新市民学说常州话'的比赛。"

"苏州话是吴语的代表语,常州方言也有自己的特点。我从小就离开家乡,对常州方言没有多少研究,很抱歉。我的常州话也讲不好了,在美国赵元任的常州话比我讲得好,我是南腔北调,"周老说,"记录方言,研究方言,日、美等国家都很重视。我们推广普通话不是要消灭方言,常州话和其他方言是一种文化,要研究,要保留。"周老停了一下,又说:"现在是双语时代,在国内要讲普通话,普通话是整个国家第一位语言,是华人的共同语,一个国家不能自己跟自己都讲不通。推广普通话电视影响很大,天天看电视等于天天学普通话。同时方言也不能消灭,上海提出要重视上海话,保护上海文化。上海以前是八十万人口,现在是一千万①,上海是个 metropolis(大都会),当然要用普通话交流。北京一千多万人②,是 metropolis(大都会),北京本地人是少数,每天进出北京两三万人,当然也要用普通话。要推广普通话,也要保护方言,不能消灭方言。研究方言,而排斥普通话也是不对的。城市人口的进入将来还会更多,这是必然的趋势,这是世界现象。在全世界,英语就成了共同语,要保护小语种,但也不是排除共同语。"

周老又起身到书架上拿下一本 16 开本的书,书名为《苏州评弹记言记谱》,书的封面上同时还印着几行日本字。这是一本难能可贵的资料,非常珍贵,国内没有公开发行。封面上的日文表明:"吴语读本",资料编第二册,由九州大学高等教育总会开发研究所于 2004 年 3 月(出版),研究代表者是石汝杰(注:石汝杰,苏州大学语言学和吴方言教授,现在日本讲学。)科学研究费补助金(赞助出刊的)研究成果报告书。(注:我没有学过日语,但日文和中文有相通之处,以上的"翻译"仅是我个人闭门造车"翻"了大概意思。)这是在 1987—1988 年期间由周有光倡导主持,石汝杰记言,张以达(作曲家)记谱的一项很有意义的科研成果。

周老说:"民间的说唱艺术很丰富,以前都是口口相传,没有记录,就是用汉字记录也不是确切的方言记录,有些方言字记录只能记个大

---

① 《2013 年上海市国民经济和社会发展统计公报》披露的数据显示,至 2013 年末,全市常住人口总数为 2415.15 万人,其中户籍人口 1425.14 万人,外来常住人口 990.01 万人。——编者

② 《2013 年北京市国民经济和社会发展统计公报》披露的数据显示,至 2013 年末,全市常住人口总数为 2114.8 万人,其中户籍人口 1316.3 万人,外来常住人口 802.7 万人。——编者

概，有的就记错了，容易失传。苏州评弹很好，我在十几年前就提倡要记录下来，记录苏州评弹很不容易，要懂得苏州方言的语言学家，要有水平的音乐家。这本资料用了五线谱、简谱、方言字、国际音标、方言标记，当时的条件很差，搞音乐的很少懂方言，懂方言的不会五线谱，当时的电脑打不出五线谱和简谱，只能用手抄，在电脑上打了字剪贴在谱上，再用手工补上小符号，合成复印。由于经费等原因一直没有出版，石汝杰在日本讲学，由日本方面资助出版，快20年了。常州过去有滩簧，常州原来地位很高，后来无锡发达起来，讲无锡话的多了，滩簧成了锡剧，锡剧是由常州滩簧发展起来的。"

与周老聊天，时间过得特别快，又是一个多小时过去了，临别前周老在《苏州评弹记言记谱》扉页上题："炎培同志指正，周有光，2007－10－25"，把这本珍贵的资料送给我。同时又另纸亲笔手书："常州话是吴方言中的一种重要方言。周有光，2007－10－25，时年102岁，范炎培先生留念。"此次北京之行拜访周老，周老共送给我三本书，三本书的题词对我的称呼分别是先生、乡亲、同志。周老把我看作是搞语言的志同道合者了，真使我受宠若惊。

周老把我送到门边，保姆小田不在家，我自己动手开门，可我一时打不开门锁，周老笑道，还是让我来弄吧，这样，102岁的周老亲自开门为我送行，真是惭愧。

（原文载2008年1月4日《常州日报》）

六访周有光

庞旸

自从2008年端午节看望周老,我就成了他的"铁杆粉丝",时不时地去看望他老人家,有时随笔记下一些访谈心得,与关心周老的朋友们分享。

时间:2008年6月8日,端午节。地点:周老的小书房。主题:干校往事

今天偷得半日闲,和干校老友王光斗一起去南小街后拐棒胡同"文改会"宿舍,拜访百三老人周有光。

我们与先生有一点特殊的因缘——"五七干校"的校友。也许有人会笑:"周先生年龄大你一倍,是20世纪20年代上海圣约翰大学的高才生,你们怎能和他攀上校友呢?"中国的历史有时就是这么怪——20世纪70年代初,我和王大哥还真跟老先生在同一座"改造思想的大熔炉"里同过学。那时我只是个不谙世事的黄毛丫头,干校造纸厂切草班的小童工,光斗大哥是"老三届"的下乡知青,是我们的班长;而周先生呢,则是被发配来的"反动学术权威"。因为同属国务院下面的"三文"单位(文办、文政、文改会),我父母还和周先生编在同一个

连——七连。

见过老先生,我相信就是没有这点共过患难的由头,周老对后生晚辈的登门叨扰也会同样欢迎的。允和夫人于六年前以九三高龄过世,这对贤伉俪大半个世纪"举杯齐眉"、相濡以沫的日子从此结束。如今日常陪伴老人的,只有两个小保姆。望着墙上男女主人各个时期留下的、堪称"风流绝代"的照片,老人会时时感到寂寞吗?

眼前的周老,简直是个生命的奇迹——他的思维仍是那样敏捷,记忆仍是那样清晰,视野仍是那样开阔,情绪仍是那样乐观,谈笑仍是那样轻松幽默,除了耳朵有些背,他哪里像个一百多岁的老人。我觉得面对的仍是一位渊博、睿智的长者,他的言语能使你受益,他丰富的人生经验能使你受到感染、净化与提升。说到年龄,周先生开玩笑:"上帝打了个盹,把我给忘了。"幸亏上帝打了这个盹,使我们有幸能与历经一个多世纪沧桑的老人这样无拘无束地交谈。

话头自然从干校开始。从1969年底到1972年初,周老在宁夏平罗国务院直属"五七干校"待了两年零四个月。提到那一段"高级劳改"的日子,周老笑道:"许多人下去不高兴,我倒很高兴,不后悔。想想看,假如不下放,不到那里去,中国有这样一个地方,我却不知道。"

干校生活是异常艰苦的。周老说:"岳飞的'踏破贺兰山阙',就在平罗。中国的山多为东西向,我们那的山是南北向,平罗是一个缺口,刮8级以上的风是常事。我们的干校是原来关押劳改犯的农场,一到那里,大家都要宣誓:永远不回去了!实际上是宣布我们这种人是社会不需要的人,是'社会的渣滓'。"他说这是按照苏联的做法。苏联也把老的知识分子、资产阶级、地主赶到北极圈以外。

但周老还是念着干校的好处。他说,在当时许许多多干校中,我们这个干校有电灯,井水很好,可以洗澡。而且,因为宁夏特殊的气候条件,水田里没有蚂蟥。他儿子儿媳周晓平夫妇去的湖北潜江科学院"五七干校"就没这么幸运了,不仅用水用电没那么方便,而且钉螺很多,好多人得了血吸虫病。说到这儿，我也颇有感触，我妈妈也去过湖北潜江科学院"五七干校"，参加过特别危险的抗洪。我认识的一些叔叔、阿姨，就是在抗洪后得了血吸虫病的。

我送给周老一本书《童年干校》，这是我和其他几位童年少年时代去过干校、现在京城文化界工作的朋友所写的干校故事，里面还有人民美术出版社的画家当年在干校画的画。周老接过书，连说喜欢。见我文章的题目《沙枣和芨芨草》，周老说，这芨芨草啊，好得不得了！我的牙不好，就用芨芨草做牙签，那可是世界上最好的牙签！但我们这些孩子很喜欢的沙枣，周老却不以为然，嫌它酸涩，说要加工了才好入口。

周老去干校时已经65岁了，身体倒很棒，下放第一年干了不少重活。他插过秧，还在细细的田埂上挑过秧。他说那田埂又湿又滑，他走得稳，一次也没滑倒。还有一位林汉达，原教育部副部长，比周老大几岁，身体也很好，两位老头常在一起干活。周老说，他写过一篇文章《跟教育家林汉达一同看高粱地》。我似乎看到那样的情景：两个风度儒雅却衣着寒素的落魄老人，并排躺在大西北的土岗子上，对着西沉的太阳，还在讨论着汉民族的语文改革问题。多年以后他们的研究成果，终于帮助开放的中国大踏步地赶上世界潮流。

周老还被派去看白菜。白菜是用卡车运来的，很娇气，容易烂。周老天天把它们搬出来晒太阳，晚上搬回去。发现烂了的，赶快送到厨房去吃。就这样，随吃随坏，随坏随吃，从头到尾吃的都是坏白菜。周老把这叫作"白菜原理"。

周老就是这样，哲学中透着幽默，幽默中透着哲学。

他还跟我们谈到另一件奇事。干校有个湖，来来往往常过大雁。有一次在空场上开大会，周老为防晒戴了一顶大草帽。大约九十点钟，一群大雁铺天盖地从头上经过。大雁纪律性好得不得了，只听领头雁一声怪叫，上万只大雁一起拉下大便，好像下雨一样。戴草帽的周老没事，其他人可就惨了：头上、身上的大雁屎几天都洗不掉！说到这周老像孩童一样哈哈笑道："这样的事一万年也不一定碰上，这是我在干校遇到的最有趣的一件事！"

天下事就是这么有趣：那次被大雁屎"轰炸"后，干校人，乃至全体中国人的命运开始发生了改变。不久，本以为会终老边陲的周老及其他"五七干部"被陆续获准回京，逐渐恢复了工作。年望古稀的周老，由此开始了他人生之旅和学术生涯的又一段辉煌。

时间：2008年6月19日。地点：周老的小书房。主题：智者多寿

和周有光先生聊天是一件兴味无穷的事。周老身体健朗，思维敏捷，唯一不方便的是耳聋，需戴上助听器，叫人趴在耳边大声讲才能听到。如果想和周老顺畅地交谈，就得借助一方便笺，把问题写在纸上。周老是何等聪明而善解人意的人，往往你写下只言片语，他就晓得你要问什么。于是，打开话匣子，把他那满腹的学问和睿智的见解向你敞开。你问得少，他说得多，话题跳跃时空，纵横天下，无论古今，精骛八极，可算是现代聊斋。

我问："1949年您为什么要放弃在国外优越的工作、生活条件，回国工作？"他说："那时，我们都认为中国有希望了，中国的建设等着我们。学经济那么多年，我想中国当时最缺乏的也是经济建设，于是立志回国搞经济。"我又问："1955年为什么从经济改行搞语言文字？"周老答曰："我认为语言学方面还是要更新，因为整个中国要变成一个现代化的国家，每个方面都要更新，经济方面当然是最主要的，语文方面当然也很重要。"从上海来北京，三份工资变为一份工资，收入大大减少，但他不以为意，全身心投入文字改革、汉字拼音化的工作。三年后，《汉语拼音方案》出台。从那时到现在，这个方案全中国、全世界都在使用，它把古老的汉语引向了世界，引向了现代化。三十多年后，汉语拼音方案不仅被联合国教科文组织列入标准化序列，而且通过电脑等现代化工具被广泛使用。周老笑着对我们说："拼音在电脑上发挥了

中外文化交流的桥梁作用。现在日常生活都离不开它。我的小保姆每天用手机发短信,用的就是汉语拼音,是小学时学的。"

周老说,1955 年那次改行,使他无意中逃过了两年后的"反右"一劫。如果他仍在上海搞经济学教研,从事银行业务,那么无论如何也在劫难逃。他在上海的同仁、朋友在运动中或自杀或挨斗、流放,而他却能"在一个特别受保护的机构中安静地做研究",人们都说他"命大"。同样的因祸得福也体现在允和夫人身上。在"三反""五反"运动中,身在人民教育出版社的允和夫人受到冲击。周老体贴艺术家气质的夫人,想她绝经不起一波又一波的政治风浪,毅然让她退休家居。中年退隐的允和夫人与俞平伯先生一起研习昆曲,后来还恢复了家庭杂志《水》,最终以九三高寿颐养天年,这不能不归功为有光先生的大智慧。身处逆境而能保全,全身投入对社会发展和人类有益的事业,能让自己的生命尽可能地放出光和热。

从周老家出来,我感到一种久违了的充实。"智者多寿",这个寿不仅指自然的寿命,也指精神的寿命;而且,有着大智慧、大心胸的人,其精神寿命一定会远远地长过自然寿命。

时间:2009 年 1 月 17 日。地点:周老的小书房。主题:如沐春风

周先生前两天刚过生日,从"百三老人"变成了"百四老人",精神还是那么矍铄。

见我来,先生非常高兴。打开话匣子,一聊就是两个小时。他告诉我,我博客上那篇《从"河东河西"到"双文化论"》,引起许多人的重视。1 月 9 日,邵燕祥先生在《文汇报》上发表文章《报周有光先生书》,就是看了这篇文章后写的,民盟中央刊物《群言》还发表了我的这篇文章。说着,周先生找出 2008 年第 12 期的《群言》给我看。

我介绍周先生观点的这篇博文,确实引起广泛的关注。《杂文月刊》《文艺建设》等杂志也有转载。我的一位大学同学正在做"孔子之

现代意义"的研究，看了这篇文章，觉得周老的观点对他很有启发，亦有拨云见日、茅塞顿开之感，遂请我开出周老的著作目录，准备好好拜读。

我很高兴，能对传播周先生的真知灼见做一点工作。尤其是在这改革开放30年之际，在全球一体化的今天，在世界性金融危机爆发的大背景下，人们对东西文化问题格外注意。在这方面理清思路，能使我们耳聪目明地看待世界与中国，看待我们自己。

我说，我很佩服先生，不愧是文字改革的大家，能用那么简单平实的语言，讲清那样深刻复杂的道理。有些学者的理论文章，语言艰深，让人望而生畏，就达不到传播的目的。周先生笑言："我的文章，中学生都能看懂。我是搞科普，专门的文章，用很普通的话来写。就是翻译外国的人名、地名，也不一定完全按照原文，要让老百姓看得懂。"

我最近再版了一本文化散文集《牌戏人生》，周有光先生为这个集子题词："学而不思则盲，思而不学则聋"，借用、改写孔子的话，对"学"与"思"的关系进行了阐述。是啊，人们常说活到老学到老，学习对一个人确实很重要，但如果光是学而不重视思，也会流于轻信，陷于盲从，因此"思"与"学"是同样重要的。我会把周先生的题词作为箴言，时时提醒自己。

我和先生漫无边际地聊天，谈到国际金融危机，谈到教育、社会发展等问题。他很忧虑目前的教育，说小孩子课业太重，读书累得要死，把身体搞坏了，脑子也搞坏了。这种现象一定要改！他说："我读中学时，主课只有国文、英语、算术，考试只考这三门，确实很轻松。上午上主课，下午是游艺课——绘画、书法、音乐、舞蹈。但主课要求很高，国文课，课堂上都是经典的文言；英语，中学毕业能看原版小说，能用英文演讲。那时常对着镜子练演讲，生动活泼，很有趣味。就是游艺课也出了不少人才，比如储丝竹，就是在游艺课上拉胡琴拉出的音乐家。那时的教育并不普及，是一种精英教育，师资水平很高。现在教育普及多了,这是好事,但教育质量却是事倍功半,苦了孩子。"

我对先生说,我儿子是"85后"独生子女,从小的教育只重智商,忽视情商。现在儿子已是人民大学商学院国际贸易学研究生了,我与他对许多问题看法都不同,母子间常起冲突。先生爽朗地笑着说:"不必担心,每一代人由于所处环境、经历不同,有分歧是完全正常的。随着阅历增长,孩子会自动做出调整。"他主张,家庭和社会,都要有包容的雅量,要允许表达不同的思想,提倡独立思考。他说:"没有独立思考就没有教育。"我问,作为有独立见解的知识分子,在现实中是否会时时感到压抑?先生说:"我是一个乐观主义者,相信一切都会朝着好的、合理的方向发展。事实上中国这些年确实有很大进步。"他举例说:"20世纪80年代我参与翻译《大不列颠百科全书》,译第一版时还有许多禁忌,好多词条都删掉了,一版只出了10册;到译第二版时就开放多了,之前被删掉的词条基本都可以照译,二版出了20册,这就是很大的进步。"我觉得先生有一种很达观、健朗的心胸,他能清醒地看到问题,又始终相信社会的进步和前途的光明,给人以温暖和希望。

时间:2010年4月27日。地点:周老的小书房。主题:伏案工作

以前去看望周老,都是他事先约好我去聊天,并不安排其他事情。因此我没见过老人家日常的工作状态。今天临时去周老家取一个材料,碰见周老正在用电脑打字。只见桌上摆着那台老式文字处理机,周老端坐桌前,正全神贯注地整理自己的文章——从一张三寸硬盘重新存储到另一张盘上,并编目录。周老打字速度很快,他告诉我,他用的是"双打"拼音输入法,一个声母、一个韵母就可打出一个字,而拼音法正是周老所创,可谓烂熟于心。于是这位百五老人打起字来竟比一些年轻人还快。保姆小徐告诉我:"爷爷每天都这样在打字机前工作,一干就是半天!"

周老说："我85岁退休后，离开'专业的井底'，开始关注文化问题。博览群书，写文化散文、杂文。"20年来，周老出版的文化散文集、杂文集的数量已很可观，平均两三年就有一本书问世。去年，104岁时出版了《朝闻道集》，前天还送给我最新出版的《拾贝集》。这些文化散文、杂文，以一个历经沧桑、学贯中西的老知识分子的眼光，理清了许多复杂的世纪难题，给当代文化学者许多启发，备受人们尊崇，被称为"老年人燃烧，中年人取暖"。而这些文章，都是周老日复一日坐在电脑前，这样一个字、一个字打出来的。想到这，我不禁为这位可敬的文化老人深深地感动了。

最近，年已九旬的李锐先生在《炎黄春秋》杂志发表文章《向周有光老人学习》，谁料还引起一些不同的议论。我觉得，观点有异可以讨论，但周有光先生"服务社会，探求真理，生命不息，工作不止"的精神，是无论哪个人都应当学习的。

时间：2011年2月19日。地点：周老的小书房。主题：要从世界看中国

今天和九三学社的朋友刘北北一起去拜见周有光老人。周老题赠我们新出版的《文化学丛谈》。翻开一看，《从"河东河西"到"双文化论"》也收在里面。这是一篇学习、阐述周老文化观的文章，周老在《拾贝集》中给予这样的评价："改革开放初期，掀起一阵文化问题的讨论。后来，人们的兴趣转变，不再谈文化了。这时候，庞旸女士发表一篇讨论文化的文章，好似夜莺孤鸣，清醒耳目。庞旸介绍周有光的'双文化论'，用笔简明扼要，胜过周有光原文。周有光反过来介绍庞旸的文章，要点如下……"我觉得周老给我的评价太高了，实在愧领。但这也说明，周老是多么慷慨而真切地提携后学。

北北是九三学社西城宣传部副部长，她和九三学社北京市委宣传部长，以及其他一些九三学社成员，都是周老的"粉丝"。他们从网上淘

到周老的《朝闻道集》和《拾贝集》，今天，就是特来请周老签字的。周老用微微有点发颤的手，工工整整，一本一本地签，一口气签了六七本。"要从世界看中国，不要从中国看世界"。周老的话，说的是多么睿智，多么发人深省啊！

字签完，自然是向先生讨教。周老谈到对天安门广场竖孔子像的一些看法，谈到最新揭秘的苏俄历史问题，谈到"阿拉伯之春"以及美韩、美越联合军演等问题。周老对我们说，要了解世界大势，就要认真研究三个国家：苏联、美国、中国，看清不同的制度、不同发展道路对国家的影响。周老还说："要回归文明的常识。其实有些问题是常识问题，可有些人就是不按常识考虑问题和做事情，哪能不失败呢？"

谈到人类历史的演进轨道，周老反复强调，人类历史的发展，文化上，是从神学思维到玄学思维再到科学思维；经济上，从农业化到工业化再到信息化；政治上，从神权统治到君权统治再到民权统治。我们国家除了在经济上近些年发展还比较快外，政治、文化的发展还是比较滞后的。但他有信心，殊途同归。虽然慢一点，最终还是会沿着一条文明发展的道路向前走的。

一个半小时飞快过去，另一批访客已在外面等候了。下午，还有一批客人要来——106岁的老人，精神如此矍铄，着实令人佩服。

时间：2012年1月10日。地点：周老的小书房。主题：支持农家书屋

再过两天周有光先生就107岁了，这两天祝寿的人络绎不绝。我赶了个晚，下午4点半来到周家。老先生下午送走一拨客人，躺在沙发上休息了一会。见我来，先生起身，连说"欢迎"。我送上贺卡和龙年吉祥物——一个玩具龙，还有江苏人民出版社寄来的书和信。先生很喜欢这个小礼物，高兴地抱着这个"好玩的小东西"照了相。看到信中提到，他的书被列入"农家书屋"，他问我这"农家书屋"是怎么回事？

我说，这是政府的一项利民举措，低价向出版社采购比较通俗的、优秀的图书供给村镇的"农家书屋"，让农民能看上书。先生听了，连说："这是好事，这是好事！许多地方的农民穷，还买不起书。"

先生一向重视农民看书的事情。记得两年前，友人殷小林联络我们一些找出版人捐书，给通州平家疃村建了个图书室，揭幕那天，特请105岁高龄的周先生出席，先生竟答应了。小林安排我开车去接先生。说实话，尽管那时我已有几年驾龄，但拉一个百岁老人跑高速公路，我还没那么大胆，于是邀请一位男同事友情相助，就这样我还捏了一把汗。结果头天因先生犯了腰痛，在大家的劝说下终于没有去成。然而，先生对农村图书室的热心还是令人感动。

至于说到明天中央编译出版社为出版他的全集而召开座谈会的事，先生倒是抱着一种"听其自然"的态度，说："我年纪大了，由他们怎么去出吧，我也管不了许多了。"这就是107岁的可爱老人周有光。

（原载《水》杂志第34期）

附：

邵燕祥《报周有光先生书》

有光先生：

您好！

赐件拜读。学者庞旸的文章《周有光先生的"双文化"论》，对您的理念作了简练的概括。两年前，我读您的《学思集》，乃至有关各篇早在20世纪90年代的《群言》杂志刊出时，就曾为您的真知灼见折服。

最值得一提的，是您以平实的言语，讲了一个关系人类命运当然也包括中国命运的大问题，深入浅出，举重若轻。这是从历史的制高点上，以俯瞰世界的大视野，对东西方文化，对国际现代文化和民族传统文化关系的"指点"，这里没有不痛不痒的套话，也没有故作艰深，更没有故作惊人之语，但对于像我这样的人，是颇有说服力的。

您说，在全球化时代，世界各国都进入国际现代文化和地区传统文化的"双文化"时代。您指出，世界各地的传统文化，相互接触，相互吸收，其中有普遍价值的部分融入全人类"共创、共有、共享"的国际现代文化；同时，各地传统文化依旧存在，但是要不断进行自我完善。我想，那些真心诚意爱护传统文化，而并非借口传统文化鼓吹狭隘民族主义的朋友们，对此也会赞同的。

您又列举诺贝尔科学奖获得者虽然西方学者居多数，但东方学者（华人、日本人、印度人等）也榜上有名，说明现代文化是全球化的文化，任何人、任何国家都可以参与进去，做出创造，共同利用。因此把现代文化说成是西方文化是不正确的，说成是美国文化，更加不正确。

而且您说，国际现代文化的精髓是科学，既包括自然科学，也包括社会科学；而科学不分民族，不分国家和地区。您以 103 岁高龄，亲见过清末民初某些大佬一边并不拒绝电灯、汽车等来自"奇技淫巧"的物质文明，一边却大谈"精神文明还是咱们的好"……对于发此言论的人和事，您自然会付诸一笑，一百年云烟过眼，这个调调不犹在耳边乎！

我因心脏"搭桥"遵医嘱休养，住在乡下时多，回城始见来示，迟覆为歉。从我的治病保健来看，手术靠的是西医，术后调理则以中医为主。这不也体现了您所说的"双文化"？

如有指示，通过我的电邮信箱——就快得多了。

立冬已届，祈多珍摄。健康长寿是祷。

邵燕祥

2008 年 11 月 5 日

107 岁的年轻思想者

马国川

"上帝太忙,把我忘记了。"周有光先生曾幽默地说。

上帝确实把他忘记了。这位百岁老人和我们一起挥别了 2011 年,走进了新的一年。2012 年 1 月 13 日他迎来了 107 岁生日。

力挺孔子和辛亥革命

2011 年 2 月 16 日,元宵节的前一天,一年一度的"《炎黄春秋》新春联谊会"在北京举行。当 106 岁高龄的周有光到达现场时,全场掌声雷动。

周有光关心急剧变化中的世界,也同样关心着处于艰难转型中的中国。

2011 年年初,围绕着中国国家博物馆前竖立孔子像,中国社会各界激烈争论。周有光认为这是一个好事情。

后来,在社会舆论的压力下,孔子像被转移到了博物馆里面。周有光先生幽默地称之为"孔子被关了'禁闭'"。

周有光先生一直对孔子评价很高,他说:"孔子这个人了不起,在百家争鸣中,他的学问是突出的,他反对用强暴来控制和压迫,主张用道理说服，这一点就很了不起。另外，那时贵族子弟才能够接受教育，孔夫子提倡平民教育，说教育权大家都有。"

"'打倒孔家店'这句话是错误的，不应该'打倒孔家店'，而应该'打倒秦家店'，秦始皇的'秦家店'贩卖的是残暴的专制统治，"周有光指出，"孔孟的学说当中有许多真理，它反对迷信，重视现世；反对愚民，重视知识；反对暴力，重视和平。这些思想都非常有价值，到今天仍然有用处。"

周有光阅读广泛，不断思考。当他读到《凤凰周刊》的文章《中国为何没有新的"中产阶级"》后，随手写下了自己的思考，以《漫谈"中产阶级"》刊在《炎黄春秋》上。

周有光认为，中国的中产阶级一波三折：民国时期是其幼年时代，无名而有实；1949年后把中产阶级归入资产阶级，全面否认中产阶级；改革开放，"让一部分人先富起来"就是重新承认中产阶级。

周有光曾自称为"科普工作者"，"我写东西尽量简单明了，预计不好懂的都要改掉。"他的文章浅显易懂，又意味深长。他对于中国现在阶级的分析可谓入木三分。2011年中国出现的"移民潮"中，主要是这些所谓的"中产阶级"吧。

2011年是辛亥革命100周年。在接受记者采访时，他高度评价辛亥革命"是真正的革命，了不起"。他还对革命进行了细致的分析："革命不革命，要从历史角度来看，它是进步还是退步。暴力推进的革命，假如是退步的，即使胜了也不算革命。假如推翻了一个皇帝，自己又当了皇帝，或者是不叫皇帝的'皇帝'，那就不是革命。20世纪的许多所谓'革命'并不是真正的革命，因为'革命'后不但没有推向前进，反而落后了。

"1911年是中国走向现代的第一步。虽然事实上的皇帝不断出现，可是皇帝的名义谁都不敢用了。他在一篇文章里这样强调。

"胸中海岳梦中飞"

周有光的著作和言论在社会上享有很高关注度,其"粉丝"无数,许多人给他写信,表达敬意。某省一位社科院院长读了五遍《朝闻道集》,并写下自己的感想,还以毛笔工工整整地抄录了自己的诗作呈献周老。

在网上,他被称为"中国当代重量级的思想家","最年轻的思想家"。不过,也有些人不以为然,批评甚至谩骂这位百岁老人。

对于世事的了解,周有光不输于年轻人。他知道许多网上流行的事物,也了解激烈碰撞的各种社会思潮。对于赞扬声,他淡然置之,他更希望听到或看到那些批评的意见。他在给中国社会科学院研究员、《朝闻道集》一书的编辑整理者张森根的一封信里写道:"得到有益的批评,我心中十分高兴。能够招来谩骂,我要郑重感谢。在万马齐喑的时代,能够听到刺耳的声音,那是真正的时代进步。"

周有光的书房之外曾经有一棵大树,鸟群聚集,他常常神游于大树宇宙,其乐无穷。两年前大树被砍伐了,窗外只有灰蒙蒙的天空。但这位饱经沧桑的老人依然达观,每日坐在仅有9平方米的书房里,读书、看报、思考、写作,物我两忘,宁静平和,心中充满了幸福。

周有光经常收到来自圣约翰大学、光华大学和复旦大学校友的贺卡和纪念品,资中筠、何方等学界名流都来拜访,交流讨论。他也喜欢与来访的晚辈聊天,谈往事,云淡风轻;谈将来,积极乐观。

周有光关注的不是一家一姓的兴亡,他的目光穿越人类历史,纵横千古。他说:"国家之间的差距,文化之间的差距,一万年不止。"他还说过:"回过头看,20世纪还处在人类野蛮的时代。"这些论断看似惊人,但都有醍醐灌顶的效果,发人深省。

1955年,周有光离开上海,进京担任国家语言文字工作委员会第一研究室主任,从经济学领域转向语言文字研究。他参加并主持拟定了《汉语拼音方案》(1958年公布),泽被亿万民众。

1989 年，这位名闻中外的语言学家离开办公室，退居后拐棒胡同的斗室之中，从语言专业的"深井"里跳出，跃入文化和历史的知识海洋。面对人类历史长河，他研究的不是浩荡不羁的河水表面，而是相对固定的"河床"——人类历史发展的规律。

"世事无常心事定，胸中海岳梦中飞。"当周有光以历史的眼光审视世界和中国的发展时，这位毕生追求科学和民主的期颐老人大彻大悟，淡定达观。因为他已经看到，一条清晰的道路就在面前，"造次必于是，颠沛必于是。"他劝告晚辈不必悲观，中国社会的进步就像"扭秧歌"，进两步退一步，"进步是不容易的，但是有些事情迟早要解决的"。

"文化史上的奇迹"

2011 年深秋，中国政府提出"深化文化体制改革"。各方人士纷纷献言，颇为热闹。一位智者直言："要想真正实现文化大繁荣，请先读周有光的《文化学丛谈》。"这是当年年初出版的一本新书，收录了周有光二十多年来有关文化的文章。在每一篇文章里，周有光都是直言说论，毫无粉饰。他认为："真话不一定是真理，但真话一定是真理的基础和前提。如果一个人真话都不敢说，你怎么能说你一生在追求真理呢？"

退居陋室后，周有光转向文化学，他曾夫子自道："从经济学改为语言文字学是偶然，从语言文字学改为文化学是必然。语言文字学跟文化学的关系太密切了。"

20 世纪 80 年代"文化热"席卷中国，当时依旧"谈西色变"。90 年代，则为"三十年河东，三十年河西"，称"世界文化的接力棒将传到中国手里"。周有光率先著文冲破"谈西色变"的心理，又批评"河东河西"的论调。他提出，"在全球化时代，世界各国都进入国际现代文化和地区传统文化的双文化时代"，"21 世纪是双文化时代"。

在周有光看来，国际现代文化与地区传统文化互相依存，不可偏废。既不能在接受现代文化的同时抛弃传统文化，也不能在所谓"反对西化"的旗号下抵制现代文化，"复兴华夏文化，不是文化复古，而是文化更新，不是以传统文化代替现代文化，而是以传统文化辅助现代文化，是根据现代需要、用学方法，学习和实践古人的有益教诲。在复兴华夏文化的同时，向国际现代文化的康庄大道勇敢前进。这就是当前知识分子不可推卸的历史责任。"

他提醒国人，现在是一个全球化的时代，不能自我封闭，"全球化改变了人们的观点和立场，过去从国家看世界，现在从世界看国家。一切事物，都要重新评价。"

"中国产品走进世界不容易，中国人民走进世界更加不容易，"在另一本新书《拾贝集》里，周有光这样写道，"走进世界，做一个21世纪的世界公民，无法再梦想世外桃源，只有认真学习地球村的交通规则。"

"仁者寿。"胸怀广阔的周有光先生至今身体康健，生活简单。他阅读古今中外书刊，随时笔记一闻一得，自得其乐。他对世界充满好奇，新鲜事物都愿意体会。102岁的时候，他在亲友的陪同下去郊区泡温泉，对一个2岁的小朋友说："我只比你大一百岁哩。"北京5号线地铁开通不久，他坐着轮椅亲自走了一遍。

著名学者李泽厚说："周有光先生是世界文化史上的奇迹。"确实，得享期颐高龄的大学者不乏其人（伽达默尔享年102岁），但如周有光先生这样高龄仍在思考写作者，并世无第二人。他那么淡定从容，豁达睿智，对于苦难深重的中华民族来说，拥有这样一位老人，也是一种文化上的补偿吧。

2011年5月，有人将周有光与夫人张允和的文章合为一集，出版了《今日花开又一年》。周有光在序言里称这本书是"休闲读物，可以随手丢开，闭目养神"，"可是，在不经意中看到某个章节的惊人记载，会使你跃忽而起,眼前浮起许多亲朋好友的不幸故事。时代过去了,灾难也会随着时代过去吗?"

笔锋一转,他又写下了诗一样的话——

"'今日花开又一年。'年年花开。愿今日的花,不是昨日的重复,而是昨日的升华!"

(张森根先生对本文提供了极大帮助,在此谨表衷心谢意。)

"有光一生，一生有光"

刘　洋

2013年1月13日，周有光就要108岁（虚岁）了。每天，他的主要活动空间都在一间9平方米的书房里，里面摆着一张小沙发、一个大书架和一张旧书桌。

记者到的时候，老先生正在沙发上睡觉。儿子周晓平给他带来了一些从网上打印的资料，他看得太兴奋，多睡了一会儿。他如今睡觉都是侧着身弯着，或者半靠在枕头上，因为腰没法伸直，整个人是个"问号"。

房间里随处可见夫人张允和的照片。那位世人口中"最后的闺秀""合肥四姐妹"中的二小姐，在周有光看来，之所以被人们喜爱，不是因为她的特异，而是因为她的平凡，是"五四"前的闺秀、"五四"后的新女性中一个平凡典型：乐观、纯真而多情。

八十多年前，第一次约会时，两人在吴淞江边散步。走到一块大石头旁，周有光拿出一块白色的大手帕铺在石头上让张允和坐，然后从口袋里拿出一本英文版的《罗密欧与朱丽叶》，"不怀好意"地翻到恋人相见的那一页，轻轻握住她的手。在深秋清凉的江边，她的手竟然出汗了，他从口袋里又取出一块白色的小手帕，塞在两人的手中间。她想，"手帕真多！"

如今的周有光，依然保持着随身带着白手帕的习惯，不时地擦拭额头。他说自己是个感情方式较为平淡的人，与沈二哥（从文）和张家三姐（兆和）的爱情传奇相比，周有光一时想不起自己与张允和之间有什么戏剧性的往事。他甚至没有追求过张允和，两人就那样自然如水地在一起了，又无争无悔地过了一生。

周有光与妻子其实是两样性格。他爱喝咖啡、牛奶和奶茶，她爱喝红茶（祁红和滇红各半）、老母鸡汤。他理智，她感性。他写理论文章，她写散文随笔。他搞现代化、推广汉语拼音、听西方音乐，她则喜欢唱昆曲、写旧体诗。

但周有光和张允和都有着难得的乐观与幽默感，这让他们在苦难面前得以自持，并始终维持着内心的尊严。

"文革"期间，周有光被打成"反动学术权威"，60年代末被下放到宁夏平罗"五七干校"劳动。后来回忆那段日子，周有光只是说，体力劳动也很好，之前的抑郁症和失眠症都不治而愈了。身体的劳顿并没有令他的头脑也变得委顿，长久而扎实的训练让他保持着思维的敏锐，凭着手中几种不同语言版本的《毛主席语录》，周有光搞起了比较文字学研究。

周有光当时不知道，不久之前，身在北京一间大杂院里的妻子面对的是一群闯进门的红卫兵。两个年轻小伙子气势汹汹地要张允和"交代问题"，给她5分钟的时间考虑。在接下来的5分钟里，张允和看着两个批斗她的小伙子，心里却想着他们一个是白脸赵子龙、一个是黑脸猛张飞，接着又由赵子龙和猛张飞想到唱戏，想到自己曾在戏里演过几次小丑的场面，转念又一想，自己此时此刻又在扮演小丑的角色了，又或许双方都是小丑。5分钟的时间到了，"赵子龙"高喝一声，该交代问题了——她想："如果再给我5分钟，我就可以写一篇《论小丑》了。"

在那些不堪回首的年月里，老两口都有着苦中作乐的本事。

两年前，周有光出版了文化散文集《朝闻道集》，"朝闻道，夕死可矣"的用典简直是拿自己的年纪开玩笑。幽默与豁达，是老而弥深了。

在和记者的交谈中，周有光多次提到教养与自我引导，认为那可以使人获得一种精神和性情，"教育能改变人的人生观，扩大你的视野，面对困难就能泰然处之。"

与很多传统教养深厚的学者不同，周有光并不十分执着于笔墨纸砚的旧式手写方式，而更注重写作的效率，他很愿意学习使用新的工具。张允和86岁时，他还教她使用文字处理机。他已至少用坏了六台，最新的一个被他用布小心包裹着，就放在身旁。机器是夏普公司送的，为了感谢这位"汉语拼音之父"当年为键盘符码的设置提供的建设性意见。

如今，汉语拼音已是学习汉字的基础。当年，为了这26个字母的组合，周有光等学者研究了三年。在他看来，语言的实用性、与世界的沟通性是最重要的，中国需要建构一套在世界上可以通用的字母语言，这种字母又要与古老的汉字对接。他既非那种主张全盘西化的人，也不支持将语言圈禁在精英文化的花园里。"如果有那么多文盲，这个国家怎么行？"

对待现代汉语的态度，也折射了周有光思考整个中国文化的方式。他不喜欢"国学"这个词，"世界上有许多国家，哪个国家没有自己的'国学'呢？"他感到这个词带着一种顽固不化的心态。"国民党时期最喜欢用'国学'的说法，连汉字都叫'国字'。"经历过晚清以降那些国将不国的年代，他懂得这"国将不国之学"的由来。

100岁的时候有人问他：中国生活重精神，西方生活重物质；中国学术长于综合，西方学术擅长分析，对不对？他的回答很简单，他说中国生活缺乏物质，中国学术短于分析；西洋生活不缺乏精神，西洋学术也不短于综合。中国人从"中体西用"开始自我安慰、自我欺骗，至今仍是如此。

金融危机爆发后,"三十年河东,三十年河西"的说法再次风行,不少人认为,随着美国经济衰退,西方文明已开始走下坡路,中国崛起象征着东方文化将成为世界发展的主导。在周有光看来,这也是一种中国人惯有的自欺罢了,"文化的流动哪里是忽东忽西,轮流坐庄呢?文化的发展是高处流向低处,落后追赶先进"。

他再次向记者强调了自己的"双层文化"论,"现在已经形成一种国际现代文化,这个文化有两个层次,一个是大家共同的现代文化,一个是各国的传统文化。现代人是同时在这双层文化中生活的,每个国家的透明性都更强了"。在他的朋友陈章太眼中,周有光是真正的现代学者,"从不与世界为敌"。

周有光始终很认同胡适思考中国文化的方式,注重实用,注重效率,注重以新的"方法"阐释旧有的传统,他想做的事情是在一个领域内开体立范。

出于这种踏实而毫无浮华的性格,在被问起两次与爱因斯坦聊天的经历时,周有光只是憨厚地说,他们的聊天没有什么特点,因为专业知识没有什么交集。反而是对自己在上海圣约翰大学读书的经历,他回忆的兴趣更大一些。那时他每天要读英文报刊,并且,"每天看报要问自己:'今天的消息哪一条最重要?'第二个问题:'为什么这条消息最重要?'第三个问题:'这条消息的背景你知道不知道?'不知道就赶快去查书,查书首先是查百科全书"。这种英美式的读书方法,使他获益良多。

沈从文曾送他个"周百科"的美称,就是有感于他这种"知识狂"的性格。后来,参与翻译《大不列颠百科全书》,编辑《中国大百科全书》,也是出于他普及最基本、最重要的知识的愿望。他晚年的文章也往往以"百科"的风格写就:简明易懂的语言,框架式的结构,清晰明确的观点和必要的背景知识补充……令周有光感到遗憾的是,《大不列颠百科全书》中文版出版已近30年,只卖了不到20万部,而日文版刚出就在日本卖出 70 多万部。中国人的求知欲，让这位百岁老人至今谈起，仍几度扼腕。

"'五四'的时候就提出的'科学'和'民主'，至今也远未完全实现啊！""孔夫子讲'知之为知之，不知为不知'，现在也还没做到啊！"讲这些话时，老人的脸上显出一丝不易觉察的激动神情。"爸爸在生命的大部分时间里，考虑的都是和自己无关的事情。"周晓平看着父亲对《Lens》记者说。

当问及老人对这一生的感触，他将自己的经验归结为自学，将自己和睦而充实的婚姻归结为教养。他一百多年的人生，除了历史强加的动荡之外，平淡而丰盛，充满了令人愉悦的、有活力的自持。就像张允和所说：有光一生，一生有光。

（载于《Lens》2013 年第 1 期）

身居斗室，心怀天下

潘耀明访问　钟宏志记录、整理

全球化改变了人们的观点和立场，过去从国家看世界，现在从世界看国家。一切事物，都要重新评价。这是"汉语拼音之父"、思想大家周有光老先生写的文章《走进全球化》中的一段，逻辑缜密、思路清晰，若只看文字，让人根本无法相信这是出自一位106岁高龄的老人之手。

在北京东城后拐棒胡同一栋毫不起眼的普通居民楼里，我们走上残旧的楼梯，停在了三楼的一个单元。门开了，左手边就是一个小书房，因为开着日光灯，很亮，愈发显出房间的简陋来。家具陈设是二十年前的样子，没有时下流行的任何装修，白墙裸露着。房间一面是书架，一面是一张低矮的三人沙发。靠窗边放着一张单薄的小办公桌，油漆剥落、斑斑驳驳，桌上一半都是书，周有光老先生就坐在办公桌前的椅子上，笑呵呵地等着我们。

采访周老，说难也难，说不难也不难。难的是，他已106岁高龄，联系采访本身就不易，我们很幸运，有国家教委语言文字信息管理司司长李宇明教授的牵线搭桥。在做采访准备时，我们也必须考虑到他的身体状况，要控制采访时间；说不难，那是因为当我们见到他时，他的健康状况远比我们想象的要好得多，除了耳背要带助听器以外，其他一切正常，眼不花、气不喘、手不抖、脸色红润，并且谈笑风生。

成为语言学家是个"偶然"

周老被誉为中国的"汉语拼音之父",对新中国的文字改革做出了巨大贡献,但他的成就远不止于此。周老早年专攻经济与金融学,曾留学日本并在美国工作。回国后于 1950 年在复旦大学教授经济学,他当时认为新中国最重要的是经济建设,业余做一些语言文字研究。到了 1955 年,中央成立文字改革委员会,要调他去工作。周老回忆起来,用带点江浙口音的普通话说,我跟领导说,我搞语言文字是业余的,我是外行,不行的。但领导说,这是新的工作,大家都是外行,我就服从命令调来了,这是偶然的事情。

这一"偶然"改变了周老的人生之路,从此"经济学就完全放下了",这一"偶然",也打开了周老另一片学术研究天地,展现了一生的精彩。虽然如此,经济学的训练和语言学之间也并非毫无关联。周老在研究汉字统计时,曾提出一个规律,叫作"汉字效用递减率",就是字增加愈多愈没有用处,而少数字的用处很大。这其实是一个经济学概念,周老将它用在文字研究上了。如今谈起从经济学家到语言学家的转行,周老哈哈大笑,他说:"我的孙女在小学时就跟我讲,爷爷,您亏啦,您搞经济是半途而废,搞语言是半路出家,两个半圆,合起来是个零啊,哈哈哈……"周老接着自嘲,"我说,一点都不错,我就是这样的一个人嘛。"

26 个字母搞了六年

为什么要进行文字改革?周老说文字改革是中国的叫法,外国叫语言计划。后来我们也不叫文字改革,而称语文现代化,这个称呼内容要准确些。语文现代化,主要包括三方面:一是推广普通话,今天普通话基本上推广了,但当时推广的阻力是很大的;第二件事是简化汉字,汉字需要一个标准;第三件事就是制定《汉语拼音方案》,因为当时世界已进入航空时代，首先地名要标准化，国际上已要求全世界罗马字的拼法要标准化，所以也是碰上了国际需要。周老说，其实我们已经有了注音字母，就是赵元任搞的汉语罗马字母，非常好，但是太复杂了，推广不了，外国人也学不会，所以需要重新制订一个拼音方案。

"26个字母看起来很简单，实际上很复杂，所以人家跟我们讲笑话，你们太笨了，26个字母搞了3年，哈哈。我说不是3年，3年搞好后，要申请成为国际标准，所以我就去参加国际标准化组织的会议，又开了3年的会，巴黎开会、南京开会、波兰开会，开了很多次国际会议，最后定为标准。后面的这3年人家不知道，所以其实一共搞了6年才定下来。"当时在申请过程中，英美反对声音最大。因为他们改掉原先已有的系统要花很多钱。比如，美国国会图书馆的编目要都改成拼音，要花两千万美元，当时说没有钱。"我说没有钱不要紧，等你有钱了再改，隔了两年，他们有钱了。"周老回想起往事，乐不可支，笑得像个孩童一般。

现在的美国国会图书馆编目都改用拼音了。汉语拼音也成了国际文化交流的桥梁。很多外国人看望周老，由衷地表达感谢。他们说如果没有拼音，他们来中国就很不方便。

汉字简化，不是废除繁体

今天在台湾、香港，还有海外都还在用繁体字，台湾马英九说过，要把繁体字申遗。海外有些人认为在古籍研究方面不好用简体字，也有些议论认为简体字影响了汉字的形象美。对于这个问题，周老说，其实汉字简化，并不是要废除繁体字，只是我们需要一个标准，在中国，简化和标准化是一码事。没有这个标准，今天的电脑就不好办了。

"我们做了一个实验，就是让没有见过繁体字的高中生到图书馆，请他看繁体字的书，第一遍看不懂，看第二遍，许多都懂了，看第三遍，完全都懂了。什么道理呢？因为这个标准简化字和繁体字是有关系的。"每一个简化字都是有来源的，大部分简化字都是古代就有的，来自先秦的有百分之十五，魏晋的有百分之六，元代的有百分之十八九，后来造的是很少几个字。例如，遭人批评最多，就是"后"字，说又是皇后的"后"，又是前后的"后"，糊里糊涂地搞在一起。但这个"后"字，古书上就有，《大学》里有"知止而后有定"，一连用了几个"后"字。有人说到图书馆找《后汉书》找不到，因为这三个字都简化了，其实这二个字也都是古代就有的。周老说："海外人士的反对有些是有道理的，有些是不了解情况的，我想这是个学术问题，开学术会议讨论是可以解决的。"

翻译《大不列颠百科全书》

改革开放后，周老还曾和钱伟长、刘尊棋一起翻译《大不列颠百科全书》。周老说，当时的情况是，中美友好之后，邓小平到美国，美国总统提出希望中美联合做几件文化工作，其中一件就是翻译《大不列颠百科全书》。邓小平很重视这件事，于是中美双方各出三个人，成立联合编审委员会，开展翻译工作。这套书翻译了差不多5年，三个人一起做，有很多有趣味的事，比如，碰到"朝鲜战争"这一条目，当时是20世纪80年代，中国了解世界还很少，国外说是朝鲜发动的，国内说是美国发动的，这就不好办了，所以结果呢？周老很幽默地说，这一条就没有了。隔了5年，有了第二次翻译，这次请示上头，上头领导同意了按照外文的翻译。周老说起过去，趣味盎然。如今，钱伟长、刘尊棋两位先生都已作古了，周老说，他是"被上帝遗忘了的人"。

儒学很重要

熟悉周老的人都知道，周老有一篇著名的文章《九十而学儒》，这当然是谦逊的说法。周老在80岁后发表了一系列探讨文化问题的文章，对传统文化，尤其对儒学，有其自身的分析和见解。周老说："我认为儒学是了不起的，可是要现代化，古代的好东西，都要改造才能用嘛。"又说，"儒学非常有用处，很重要，去是去不掉的。"在周老的新书《文化学丛谈》中，就有一篇《儒学的现代化》，专门谈这个问题。周老说，中国的革命，无论是老革命还是新革命，都离不开儒学。天下为公，这是孔夫子的话。世界大同，是历代中国人的最高理想。在大同理想的旗帜下，第一个是康有为，康有为比较唯心，写了《大同书》；第二个是孙中山，谈三民主义；第三个是邓小平要搞小康，小康也是来自孔夫子学说。这是三个重要的人物。

著名学者李泽厚曾说过，周有光先生是世界文化史上的奇迹。因为得享百岁高龄的文化名人不乏其人，但是没有哪位像周有光先生这样，百岁高龄依旧在思考、在写作。眼前这世纪老人，身居斗室，却尽知天下事，我们听他谈时事、谈手机、谈信息化全球化，真的有如见证奇迹。所谓智者健，仁者寿，周老的传奇一生证实了这一古训。从一个经济学家到杰出的语言学家，再到文化学者，而最难能可贵的是，百岁高龄，他依然如此清醒、乐观，他开朗的笑声几乎贯穿我们访问的始终，周老是我们见过的最爱笑的老人。这位百岁老人的童真、机敏、幽默感染了我们在场的每一个人。这不是一次普通的访问，这是一次心灵之旅，带给我们深刻启迪和感动。在访问过程中，还有一个小插曲让我们每个人都回味无穷。周老将自己的两本书送给陪同我们访问的李宇明教授以及本刊总编潘耀明先生，他在签名时，写给李教授的是"宇明同志"，写给潘总编的却是"耀明先生"。潘先生大笑说："周老，您这是内外有别啊！"大家都忍不住笑了。

书房一角
——访周有光先生记

朱航满

2013年8月25日，我见到了周有光先生。坐在老先生对面，和他大声地说着话，但因为激动，却一时不知道该说些什么。我介绍自己是在一家医院工作，但很喜欢读先生的著作，是他的粉丝。先生说，他在我工作的医院看过病，是蒋彦永医生介绍就诊的。我说读了先生的著作《拾贝集》，很震撼。先生说，那些东西是不能轻信的。我知道这是谦辞，便问现在是否每天还在读书？他告诉我眼睛还是很好的，用的是人工晶体，只是耳朵不太好使，需要借耳机才勉强可以听见。我这才注意先生每每听我讲话，都需要侧耳来听，十分吃力。一时有些愧疚，片刻沉默，想起了美国的张充和先生。张先生今年也已百岁高龄了。于是，便大声问他与张先生还有无联系。他说耳朵不好使，已经很久没有通话了。后来又谈起张先生的书法，他笑着说张先生在美国耶鲁大学教书法，可她的这些学生都不懂得汉字，只能照猫画虎，连张先生也自嘲，她有三千弟子皆白丁。

幽默的回答一下便拉近了距离。显然，先生的精神是很不错的。记得一进门，就看到他笑眯眯地坐在小书房的一张电脑椅上。我上前与先生握手，祝福他长寿。先生提醒我，再过4个月，自己就109岁了。在我请他签名的几本书上，他都不忘记写上这样一句："时年108岁。"

108 岁，对于一般人来说，几乎都是一个不可能实现的生命传奇。而我更为惊叹，甚至是敬佩的是，在这样的年龄，还能读书、思考、写作，并时有著作出版。先生在 100 岁时出版《百岁新稿》，105 岁出版《朝闻道集》和《拾贝集》，都是在退休后乃至百岁高龄时的所思所想。我了解先生，便是从读《拾贝集》开始。那时，我在北方一个山脚下工作，环境闭塞，心情懊丧，夜读短文，如若电击。真没想到，这样一位曾经在经济学、银行金融和汉字改革领域颇有建树的专家，却有着一种难得的思想清醒和尖锐；也真没想到，这样一位走在人生边上的老人，内心里却还燃烧着一团升腾的火。

印象很深的是 2005 年秋天的一个傍晚，其时我正在北京读研究生，常在学校附近魏公村的一家书店看书。记得那天有两位中年妇女结伴到书店询问三联书店刚出的新书《百岁新稿》。记不清是什么原因，她们也向我热情推荐了先生的著作。那时无知，不知道周有光，看两位中年女性的模样，似乎也不像读书人，于是当时并没有在意。彼时，我甚至还有些厌烦老人家，担心他们的世故、精明、顽固、守旧，甚至是糊涂。而到了五年后，因为一次偶然的机会，我才读了先生的著作，颇有恨晚之感。2010 年春天，我曾为一家日报的文艺副刊组稿，并策划过一组以世界读书日为主题的稿件。香港天地图书有限公司副总编辑孙立川先生给我发来的稿子中，有这样的一段日记："2010 年 4 月 10 日，香港，多云，星期六。今早返编辑部，续看周有光先生的《拾贝集——105 岁老人的醒世警言》的最后清样。去年九月初，我去京华拜访他时，老人家交给我一沓打印稿，上面斑斑朱笔，又再三叮嘱我：以此为准。回来细看那书稿，一点一划，了了分明。"

孙立川先生有老人缘，学问又好，自然眼光敏锐，懂得什么才是真正的好书。《拾贝集》在香港先行出版，内地则在不久后由世界图书出版公司出版，我第一时间就买到了这本书。果然如孙先生所言，这些文字"虽短小精悍却汪洋恣肆，平淡如水则意蕴深厚，而且句句是真话，有赤子之诚"。于是，我立即购买了先生的《朝闻道集》来补读。今年，周先生108岁了，古称"茶寿"，很多学者都写文章祝贺，连先生的老家常州也开了座谈会。我得知8月底，孙先生会来北京参加国际图书博览会，会余可能拜访老先生。于是便邮件联系，希望自己也能有此荣幸。8月25日下午，我在和孙先生在前往周有光先生家的车上，还在担心是否能够有幸顺利见到老先生。毕竟是108岁的老人了。我问孙立川先生，过会见到老先生，可否单独交流呢。孙先生说，老先生是最喜欢和年轻人谈话了。

在老人的书房里，我们拍照合影，请他为新书签名，也断断续续地谈话，大约五六平方米的小房间，顿时变得非常的狭窄和热闹。我环顾先生的书房，其中有四个大小不一的旧书架，靠墙而立，一张发黄的书桌，放在窗户旁，但都是极简单，也是极朴素的物品。如果不是书架上的一个平板电脑和正在使用的空调，真有些恍然旧时的感觉。书架上的书并不是太多，有关语言文字方面的书籍占主要的位置，诸如《中国大百科全书》《辞海》《汉语大辞典》《英汉大辞典》等这样的工具书，因为块头大，十分醒目；在书架上一排诸如《汉字改革史纲》《简化字溯源》《汉语史论集》《语言文字应用探索》《语言规划研究》《汉字现代化研究》等非常专业的书籍之中，却夹着一本《怀念李慎之》。我当下非常震动，这册《怀念李慎之》系2003年李慎之去世后，由民间学者丁东编选海内外的怀念文章，并自行印刷的内部出版物。我是在北大的一家旧书店买到这册著作的，而我更感兴趣的是，曾为"自由主义"鼓与呼的中国社会科学院副院长的李慎之，也是周先生所关注的人物。因为在这个不大的书房里，很多翻看过的书肯定都是被逐渐地清理掉了。

我还注意到距离先生很近的地方，有两本精装书，也很醒目，应是可以随手拿到的，想来是近来在读，或许准备在读的书籍。恰巧这两本书我也都读过，均是当前值得一读的学术著作，它们分别是美国哈佛大学教授傅高义（Ezra Feivel Vogel）的著作《邓小平时代》和南京大学已故学者高华先生的著作《革命年代》。从一个人所读的书，大抵是可以看到这个人的精神向度的。由此，便不难理解为什么先生的文字之中，总是有着诸如闪电般的思想光芒。他的视野依旧是开阔的，而他的文化底蕴和人生积淀却是他人难以企及的。孙先生此行的一个目的，就是出版老先生近来的著作。由此，我想先生一定还是笔耕不辍的。孙先生纠正我说，老先生是使用电脑的，而不是用笔。108岁的老人，参与创造了"汉语拼音"，简化了中国的汉字，又在92岁学会了使用电脑，并进行写作，他仿佛永远走在时代的前列。这本身就是一件饶有意味的事情。

我还注意到在先生的书房里，挂着数张照片，其中好几幅都是周先生与他的夫人张允和先生的照片。这或许也是一种深深的怀念。在我询问的时候，周先生特别强调夫人张允和是93岁去世的。他对我说，张家四姐妹，现在就剩下了最小的了。但这一句话，似乎又是他的自言自语。或许我的话，令他想起了往事。我很想和他再谈谈沈从文，一个传奇也杰出的中国作家。但想了想，先生曾写过一篇《连襟沈从文》这样的文章，也便罢了。张家四姐妹，个个蕙质兰心，而他们的丈夫，也个个都令人敬佩。大姐张元和的丈夫顾传玠是昆曲演员，二姐张允和的丈夫周有光是文字改革者，三姐张兆和的丈夫沈从文是作家，最小的张充和的丈夫傅汉思（Hans Hermannt Frankel）是汉学家，似乎个个都与中国文字颇有缘分。无论是使用中国文字、改造中国汉字，还是吟唱、翻译、书写和研究中国的文字，其实都是为中国文化创造光热。

大约一个多小时后，孙立川先生提醒我们该走了。之前已经在这里拜访的张森根先生，也准备告辞。我们一一握手，再次祝福先生长寿，保重。下楼后，我深深呼一口气，似乎还沉浸在一种"追星"的兴奋之中。张森根是周老文集的编选者，编辑过包括《拾贝集》在内的多本论著，他说不久前周先生给他打电话说，我们现在的政府不重视"礼貌教育",应该进行"礼貌教育"。听后心里顿时有些惭愧,我们这些乐于"追星"的人们,这些没有接受过"礼貌教育"的新时代的人们,不知是否会有令老先生感到不舒服乃至是厌烦行为呢。张先生补充说,老先生总在思考问题,有时会和他通电话,但他只是自己讲,因为根本听不见别人讲话,于是笑称自己是聋人讲话。我忽然觉得,先生就像一个自我完备的美妙世界,不断地给我们传送着精神的光热,我们可以接近他,了解他,认识他,而他却已经很难再接收到我们这个世界的喧哗、吵闹、芜杂乃至荒诞了。

(原载《边缘艺术》2014年1月,又载《北京青年报》2014年2月22日副刊,有删节。)

人得多情人不老，多情到老情更好

翟永存

生于清朝光绪年间的著名学者周有光，今年 106 岁。年龄只是他不可思议的一小部分。50 岁那一年，已是知名经济学家的周有光，改行研究汉字改革，小学生所学的汉语拼音，周有光是主要的制定者之一，因此被称为"汉语拼音之父"。他精通多国语言，学识渊博，是《大不列颠百科全书》的中方三位编委之一。周有光 85 岁离休后开始从事文化研究，他在 90 岁、100 岁、105 岁、106 岁接连推出新著。从此，经济学家和语言学家的周有光在学界又多了一个称谓"文化学家周有光"。百岁尚著新书，不能说后无来者，却绝对地前无古人。

"人得多情人不老，情到老时人更好"，这是周有光夫人为俞平伯祝寿的诗句，用来解释周有光的生命奇迹、婚恋传奇最恰切不过……

丁聪称他新潮老头

106 岁的周有光，现在基本上杜门谢客，很少接受记者采访了。后浪图书室的吴兴元总编助理，因出版关系，成了周有光的忘年交。经他的联系和安排，记者来到了北京朝内大街的周有光家。

周有光居住的是普通居民楼三楼的一套小四居房子，客厅只有 5 平方米左右，另一个不足 10 平方米的斗室，是周有光的书房兼会客的地方。初秋阳光灿烂，老人正安详地坐在椅子上喝下午茶，一杯红茶、一碟坚果，而薯片是在美国学历史的曾孙，到东北实地考察日军侵略的遗迹后，到北京看望曾祖父时带来的。

周老身穿白色衬衫和浅灰色休闲裤，脚上是一双黑布鞋，显得干净清爽。老人气质高雅，脸色白里透红，笑容可掬地招呼我们坐下，镜片后面的眼睛眯成了一条线。周老戴上助听器，海阔天空地和记者聊天，从利比亚局势到伊斯兰教，从婚恋故事到如何经营家庭……周老思维敏捷，语言幽默，不时开怀大笑……

周老的书房放了个快到房顶的大书橱，书桌很小，长 90 厘米，宽 55 厘米，桌上一半放稿纸，一半放打字机。这张有两个抽屉的办公桌，是六十年代的"古董"。黄漆已经斑驳，桌面露出了木茬刺疼了手，周有光用透明胶布仔细地补贴过。一次，周有光玩扑克，忽然一张不见了，找了半天，原来从桌面裂缝里漏到了抽屉里去了。这一次，他决心大修一番。请来木工将桌面修好，把一个邮票大小的破洞也补好了，焕然一新。每天，就在小书桌上用电脑写作。把写好的稿子打印出来，放进抽屉，日积月累，便成一本又一本书。

周老对记者说："100 岁以后，我的身体开始走下坡路了。别人看不出来，我自己感觉得到。"百岁前，周老腿脚灵便，行动自由，常外出旅游，看最新电影，喝星巴克咖啡，用电脑写书，被漫画家丁聪称为"新潮老头"。周有光精神矍铄，脸色红润，看上去要年轻得多。被人津津乐道的是他的"编年趣事"：

2002 年，他去医院，病历上年龄一栏填了 97 岁，护士看看他，以为填错了，很自信地改为 79 岁。周有光笑着解释，惊得护士嘴巴好半天合不拢。

2003 年 8 月，98 岁的周有光由晚辈陪着到北戴河旅游，面对碧海蓝天，他兴致大发，叫儿子周晓平去买了泳衣，还有一顶玫瑰红的泳帽。周老下海畅游一番，游之不足，又躺在沙滩上日光浴，浴之不足，又进行沙浴，一边浴一边坐在岸上望洋兴叹，叹吾生也有涯。

2003年圣诞节，孙女周和庆带着儿子周安迪从美国回北京看望爷爷周有光。见爷爷脸色发黄，怀疑他得了肝炎，急忙送到医院。在医院里住下来不到5分钟，医生就下了一张病危通知书，说，这么大岁数了，得肝炎可能性不大，倒有可能是脾脏什么的长了恶性肿瘤……吓得周和庆怔在那里。而这时，老爷子突然不见了。医生让护士赶紧去找，要他平躺，不能动！原来周有光去查看医院楼层的安全通道，以备不测。晚上，护士又拿来铁架子绑床，怕他半夜摔下床。周有光说不用绑。护士不听，觉得这老头脑子不一定清楚。直到周和庆说，你就听我爷爷的吧，他还在写书出版书呢，护士这才作罢。周有光一边输液，一边还读一本《NEWS WEEK》（新闻周刊）。医院里闻讯赶来看这位百岁老人的人络绎不绝。周有光对孙女笑着说，窗玻璃外尽挤着眼睛和鼻子，我倒成了"大熊猫"了。在等待检查结果的日子，家人提心吊胆，周有光却平静得很。B超、核磁共振、X光透视、CT检查、验血等等，一大圈检查下来，医生更加茫然，老爷子一切指标正常，哪里都没问题，最后，还是无可奈何地认可了周有光自己一开头就做出的判断：药物中毒。

2004年，一帮老教授在天津开同学会，邀请老师周有光参加。99岁的周有光欣然前往天津去给学生助兴。同年12月，周有光应邀在中国现代文学馆讲座，内容是《文字比较学》，他只带提纲不带讲稿，讲课一个小时，现场答疑一个半小时，机智幽默的精彩解答，赢得听众阵阵热烈掌声。课后，"追星"索签名的人排起了长龙。

…………

百岁以后，用周有光自己的话说，"主要器官老化了"。加上他住在三楼，没有电梯，很少下楼了。最近，把大家难住的是他的一颗牙齿，记者上门时，周老说，刚拨了两颗牙，就像儿童拔牙一样容易，现在又可以说话啦。

人得多情人不老

周有光有让所有人都羡慕的堪称完美的婚姻。夫人张允和出身名门，曾祖父是淮军排在李鸿章后的第二号人物张树声，官至直隶总督、两广总督。父亲张冀牖置良田万顷，庄园宏丽，他与蔡元培交好，在苏州开办乐益女中。张家四姐妹，个个秀外慧中，元和、允和、兆和及充和，分别嫁给了顾传玠（昆曲专家）、周有光（语言学家）、沈从文（作家）和傅汉思（耶鲁大学教授，汉学家）。四连襟无一是等闲之辈。

张允和气质高雅，才貌双全，1931年第一期《中学生》的封面就是她的玉照。1933年4月30日，大学毕业的张允和与在光华大学任教的周有光举行婚礼，人生从此执手70年。

夫妻俩患难与共，度过了烽火连天颠沛流离的抗战岁月。6岁的女儿得了盲肠炎，因为日机轰炸没能及时救治而夭折，唯一的儿子周晓平也曾中弹，肠子被打了六个洞，幸亏及时送到医院才捡回一命。抗战后期，周有光任职于重庆新华银行，被银行派驻华尔街，夫妻俩在美国上流社会生活了两年多。新中国成立后，周有光担任上海经济研究所副所长和上海财经大学教授，张允和在上海光华附中教高中历史。

才女张允和曾就历史教科书年代不全、缺乏趣味性等问题，写过一篇两万字的文章，叶圣陶看了大为欣赏，调她到北京的出版社参与编写中学历史教材。然而好景不长，不到一年，就开始了"三反""五反"，张允和意外受牵连被抄家，私人信件被搜走。

这些信惹来了大麻烦。她曾在给丈夫的信中坦白收到一位老朋友来信，对方说爱了她19年，还让周有光猜猜是谁。周有光回信一本正经地猜起来：是W君？是H君？那么是C君了。本是一封夫妻间嬉戏的信，却被认定WHC都是特务代号，要张允和交代出特务的名字和住址。夫妻间的隐私被公布，这对于名门闺秀的张允和来说简直就是奇耻大辱，她几乎精神崩溃，因为失眠和高度精神紧张，请假回上海看病。病还未愈，单位就把她除名了。周有光安慰夫人："不要再出去做事了，家里的许多事没人管，老太太（婆婆）岁数也大了，需要照顾。"他一句轻松话，把她从万里愁云中拉了出来。

后来，周有光的朋友、文化部的领导建议张允和到文化部工作。知妻莫如夫，周有光谢绝了。那些年政治运动接连不断，妻子怎么能经得住这等折腾？——从1952年下岗到2002年去世，张允和安心在家做了整整半个世纪的家庭妇女。她烧得一手好菜，一边在家尽心侍奉婆婆，一边研究昆曲，聘请姚传芗、金彩凤来家教授身段。拍曲按笛，非常快乐。"塞翁失马，焉知非福"，时间越长，张允和越来越觉得丈夫这句话说得好，幸亏早早做了家庭妇女，如果"文革"时她还在工作，怕不是自杀就是被整死。

1955年11月，全国文字改革会议在北京召开。周有光因为精通四种外语，且业余爱好语言学，被周总理点名参加会议。会后次年，领导要他调入中国文字改革委员会工作，于是在50岁那年，已是知名经济学家的周有光改行。由他主抓并最终完成的《汉语拼音方案》得到世界公认，人们尊称他为"汉语拼音之父"。他写作出版《汉字改革概论》等二十余部语言文字学专著，成为享誉中外的语言学家。美国国会图书馆既藏有经济学家周有光的著作，也藏有语言学家周有光的著作。

随先生到北京定居后，张允和与俞平伯共同创立了昆曲研究社，俞是社长，她任联络组长。张允和跑文化部，递报告，申请经费；写稿子，发消息，写请柬，送戏票，出版"社讯"；借行头，租场地……在她苦心经营下，昆剧全本《牡丹亭》是新中国成立10周年献演节目之一，还曾在全国文联礼堂、中南海怀仁堂演出，周恩来、康生等都亲往观看。50多岁时，她在昆曲《西厢记》中扮小书僮，活泼可爱，一位中央首长看完演出说："这个小伙子不错嘛，有没有女朋友呀？"

夫妻俩琴瑟和谐。受夫人熏陶，周有光成了昆曲爱好者。她每次开会，他都陪同前往；她每次登台演出，他必到场，自称是妇唱夫随。可惜"文革"开始后，昆曲研习社停办。

周有光自称是"多语症"，谈锋甚健且出语幽默，挚友聂绀弩先生写了首打油诗相送："黄河之水天上倾，一口高悬四座惊。谁主谁宾茶两碗，蒙头蒙脑话三千。"俗话说，话多必失，祸从口出。"文革"时，单位有人戏出上联："伊凡彼得斯大林"，周有光信口抢答："秦皇汉武毛泽东"，因此被打为"反革命"。1969年，63岁的周有光到宁夏平罗的"五七干校"，种地编箩筐拾煤渣。在中国科学院气象物理研究工作的儿子儿媳也被下放到湖北的潜江种菜。张允和住到位于中关村的儿媳家照看小孙女，丈夫和媳妇给的家用不够，她靠借债艰难度日。她不停地与造反派交涉，千方百计地给患了青光眼的周有光寄去药品。

在宁夏种地一年多后，一天，周有光回北京探亲。看着又黑又瘦的丈夫，张允和忍不住心疼落泪。周有光却说："凡事有利有弊，种了一年地，失眠症不治自愈！"他兴高采烈地向夫人和孙女展示他都用胶布补好的裤子，引得张允和破涕为笑，小孙女周和庆笑得直喊肚子疼。

周有光还讲"白菜原理"。有一段日子，他的任务是看大白菜。白菜是从天津运来的，包心结实，非常漂亮，只是时间久了，白菜易烂。他的任务是给大白菜晒太阳，挑出烂了和即将烂的大白菜，让伙房赶紧做菜吃掉。那一年，他们吃了整整一冬天的烂白菜，没吃过一颗好白菜。他总结出白菜原理：好的不吃，坏了再吃，不坏不吃，坏了全吃。张允和点头："世界上有很多事情跟白菜一样。"

回干校时，不能带别的书，周有光就带了二三十本英语、法语等各种语言版本的《毛泽东选集》，还有一本《新华字典》，做完农活，就做比较文字的研究，后来他把这一时期的研究成果写成书《汉语声旁读音便查》。

1971年,"九一三"林彪事件发生后,周有光从宁夏回到北京,他们的家被造反派占据,造反派搬走后,家里连个纸片都没有留下。

多情到老情更好

1979年,停办多年的昆曲研习社复社,张允和出任社长,直到1987年因年事已高才离任。

1989年,85岁的周有光离休回家。不再研究专业,用他的话来说:"老来补读史书,乱写杂文,消磨余年。"他对夫人叹道:"我是专业工作者,一向生活在专业的深井里,忽然离开井底,发现井外还有一个无边无际的知识海洋,我在其中是文盲,要赶快自我扫盲。学然后知不足,老然后觉无知。这就是老来读书的快乐……"

那时的周有光眼睛和耳朵都不好,他自嘲是学而不思则盲,思而不学则聋。后来他接受白内障手术后换了晶体,重放光明;耳聋装上助听器,恢复了部分听觉。桑榆晚景,他开始研究文化和历史:90岁出版《周有光耄耋文存》,100岁出版《百岁新稿——历史进退匹夫有责》,105岁出版《朝闻道集》,106岁出版《拾贝集》……《朝闻道集》扉页上题字:"朝闻道,夕死可矣。壮心存,老骥千里。忧天下,仁人奋起。"

周老在学界除了语言学家、经济学家外,又多了一个称呼——"文化学家周有光"。

榜样的力量是无穷的。1995年,86岁的张允和复刊了家庭刊物《水》——她读中学时,张家四姐妹曾办家庭刊物《水》,那时沈从文和周有光都是《水》的临时工,70年后复刊,周有光仍是热心的临时工。为了办刊物,主编张允和开始学电脑打字。周有光问:"你行吗?你的普通话半精半肥(半北京半合肥),还不会拼音。"夫人说:"你不是82岁才学的打字吗?我不就86岁嘛。再说了,不是有发明拼音的周有光老师嘛。"她坐在电脑前，不时一声"帮帮忙"，周有光闻声从自己书房出来，穿过小客厅，来到卧室，笑吟吟地站在老伴身边指导。张允和学会打的第一个词组是"亲爱的"。

每天，夫妻俩一个在书房一个在卧室，噼里啪啦的打字声相互应和，文章写完，他们互为第一读者，"奇文共欣赏，疑义相与析"。

正应了一句话大器晚成。90岁之后，张允和推出《张家旧事》《最后的闺秀》《曲终人不散》等自传书籍，出版社一版再版，仍然脱销。她自豪地对朋友说，某某书店在某一时期，《最后的闺秀》卖了200多本，周有光的《比较文字学》只卖了19本，我现在比有光还有光呢。

出畅销书加上复刊《水》，张允和受到三十多家媒体关注，中央电视台的"东方之子"栏目也采访了她。人们在电视上看到90岁的张允和都惊叹，好一个俏老太！上身穿着白地蓝花的偏襟盘扣短袖衫，下身是一条利利索索的黑裤子。一条长辫对折盘在头顶，然后再用卡子固定，衬着一丝不乱的银发。90岁高龄，依然气质优雅，"最后的闺秀"名副其实。

朋友写散文分析他们俩长寿的原因时说，人得多情人不老，人得幽默人不老。周有光夫妇既恩爱又幽默，当然是寿星。

周有光是个老顽童。有朋友问他高寿，他回答："11岁。"一边的张允和赶紧解释："他认为80岁是尽数，活一天赚一天，从80岁重新数起。"又自我介绍，"我呢，是二八年华，88。"张允和也是个诙谐幽默、快乐活泼的人，最常挂在嘴边的话是"好极了""得意极了"。自称"三自主义"：自得其乐，自鸣得意，自娱自乐。有朋自远方来，他们共品茗、听音乐、唱昆曲、侃大山。夫妻二人争着说话，周有光有时让着夫人，夫人滔滔不绝，他在一边绅士般微笑倾听。

一日与朋友聊到张家四姐妹，朋友戏说二小姐"犯规"，率先出阁，张允和冲着周有光说："可不是，不要脸，那么早结婚。"周有光哈哈大笑说："张允和最聪明，可是她干的最蠢的事情就是嫁给了周有光。"

晚年周有光耳聋，张允和说话声音洪亮，非常有戏剧韵味，她对朋友说："我不能对他吹枕边风，隔壁邻居听到了，他还听不到。"

2002年8月14日，因为心脏病发作，张允和突然去世，享年93岁。周有光写信给朋友说："结婚70年，从未想到有一天二人之中突然少了一人。突如其来的打击，使我透不过气来。"

孙女周和庆带着先生和儿子安迪从美国赶回来给奶奶送行。那天深夜，周和庆陪爷爷坐在书房，第一次看到爷爷流泪，他说，前一天她还和来客谈笑风生……走得很突然，谁也没想到……她身体一直很弱，可那么有活力……

他在纸上写下元稹的诗："昔日戏言身后世，如今都到眼前来"。周和庆离开书房的时候，看到爷爷孤独地坐在台灯下，忍不住流下了眼泪……

张允和火化那天，天气很热，周庆和劝爷爷不要去，周有光就听话地在家待着。但此后两年里，周有光以98岁高龄，倾尽心力为张允和的遗作《昆曲日记》的出版奔走。《昆曲日记》在六七家出版社转了好几圈，一直没有出版社肯出，周有光一边给文字润色翻找老照片，一边请昆曲名家写序，经过不折不挠的努力，终得出版。他送一本给曾为此书出版奔走过的朋友，扉页上题字"好事多磨"，辛酸甘苦可见一斑。

自从夫人张允和去世后，周有光不再回卧室，而是睡在书房的沙发上……

亲情滋润生命之树万年青

周有光的儿子儿媳都在中国科学院大气物理研究所工作。1959年，孙女儿周和庆（小名庆庆）出生，因为儿子周晓平要到苏联去，儿媳有时上夜班，庆庆出生才一个月，就被抱到了奶奶家，一直到 7 岁那年，怕"文革"中被抄家吓坏庆庆，才把她送回中关村的妈妈家。带孙女的 7 年，活泼可爱的孩子让他们青春焕发，用张允和的话说，日子过得有滋有味，比当年恋爱时光还甜蜜。

张允和在卧室里给小孙女支张小床。夜里庆庆醒了，爷爷负责把尿，奶奶倒奶粉。后来庆庆长高了，小床睡不下了，就和奶奶共睡一张大床，爷爷在窗下另支一张单人床。庆庆小时候一直认为这样的安排天经地义，上初中后才明白是鸠占鹊巢。

庆庆犯错的时候，奶奶舍不得打她，就用手拍桌子，把自己的手都拍疼了；妈妈会打庆庆的手心，庆庆疼妈妈也疼；爸爸只打屁股，有一次把庆庆的屁股拍了五个手指印；就数爷爷的道行最高，用竹尺打手心，疼得庆庆直抽冷气，让她一辈子都不能忘记，但爷爷只打过她一次。爷爷一般性的处罚措施是，把庆庆放在高高的书架上，让她居高临下，坐在那儿反省，认了错才抱下来。有一次爸爸回家，庆庆诉苦，爸爸听了，大笑："我小时候也吃你爷爷这一招。"于是父女俩认真地交流了一番坐书架的感受：孤立无援，上不去下不来，非常无奈。

庆庆小时候，第一次坐飞机是跟着爷爷奶奶，一上飞机，爷爷就对她说："到了一个新地方，要注意观察环境，尤其是安全方面的设施。"带庆庆看了安全通道和安全门，又让她认真读完安全手册，又带着庆庆到洗手间，说："要看好每一样东西是怎么用的，不要把脏纸扔到地上。这叫未雨绸缪，有备无患。"

奶奶教庆庆背唐诗，庆庆对大院里的小朋友说："奶奶教我念'糖'诗，'糖'诗是甜的。"庆庆上幼儿园，天天都是爷爷接送，"文革"时周有光被批判，罪状之一就是：凭什么拿那么高的工资，你天天就接送你孙女了！

庆庆长大后去加拿大留学。后来婚姻触礁，心灰意冷，她中断了学业，每天陀螺般打工，借以缓解心灵痛苦。爷爷写信严厉地说："你要停止打工，尽快完成学业，找到工作。目前的生活费我帮你解决，每月500元，供你6个月拿到学位。"爷爷这么大岁数了，还让他来操心，而且他的外汇都是稿费，写一篇文章才10元20元的，庆庆惭愧至极，痛下决心回到学校读书。

这时候，庆庆遇到了生命中的另一半张晖，重新找到了幸福。可不小心没毕业时就怀孕了，带着孩子怎么读书，又如何打工？她苦恼极了，爷爷一连写了6封信，鼓励她振作起来，他说："孩子一定要留下，你可以在满月之后送回北京，我们愿意帮忙带。"爷爷还给曾孙起了名字，男孩就叫安迪，女孩就叫安宁，爷爷说："你这个人太吵了，希望你的孩子安静一点。"

1993年，庆庆的儿子张安迪（小名安安）出生。安安两岁多时，跟着曾祖父曾祖母住过一年。小安安心善，见太奶奶往暖瓶倒水，嘱咐说："太奶奶小心，别烫着了。"早晨起来，安安从自己的小床爬到太爷爷的大床，太爷爷装睡，安安拍拍太爷爷的头，嘴里说："乖，乖……"

周老自称是"四世同球"，孙女和重孙都在美国，他隔一天就和他们发一次邮件。儿子周晓平住在北京，经常来看望周有光，帮他整理文稿，有时也用轮椅推着父亲去公园散步。

采访时，106岁的周老看见记者出汗，便打开空调。请周老给本刊题词，他欣然提笔："愿家庭更健康，社会更健康！"

老人说，书到用时方恨少，他还有许多知识要学。离开周老家时，脑海里不禁浮出他的话："朝闻道，夕死可矣。"对周有光来说，也许真是"夕阳无限"。

图书在版编目（CIP）数据

岁岁年年有光 / 周有光著 . -- 天津：天津人民出版社，2016.1
 ISBN 978-7-201-09992-7

Ⅰ . ①岁… Ⅱ . ①周… Ⅲ . ①周有光—访问记 Ⅳ . ①K825.5

中国版本图书馆CIP数据核字(2015)第289852号

Simplified Chinese edition
Copyright © 2016 POST WAVE PUBLISHING CONSULTING (Beijing) Co., Ltd.
本书中文简体版权归属于后浪出版咨询（北京）有限责任公司

由于时间紧迫，加之本书涉及相关人士众多，虽经我们与周有光先生多番努力，仍未能与一小部分作者取得联系。请这些作者见书后与后浪出版公司联系有关事宜。

天津人民出版社出版
出版人：黄 沛
（天津市西康路35号 邮政编码：300051）
邮购部电话：（022）23332469
网址：http://www.tjrmcbs.com
电子邮箱：tjrmcbs@126.com
北京中科印刷有限公司印刷　新华书店经销

2016年1月第1版　2016年1月第1次印刷
690毫米×960毫米　16开本　12印张　6插页
字　数：156千字
定　价：35.00元

后浪出版咨询（北京）有限责任公司常年法律顾问：北京大成律师事务所　周天晖 copyright@hinabook.com
未经许可，不得以任何方式复制或抄袭本书部分或全部内容
版权所有，侵权必究
本书若有质量问题，请与本公司图书销售中心联系调换．电话：010-64010019